Dr. Vinod Verma

AUM - Die Unendliche Energie

Techniken für Stabilität, Kraft, Stressmanagement und Heilung

Dr. Vinod Verma

AUM - Die Unendliche Energie

Techniken für Stabilität, Kraft,
Stressmanagement und Heilung

Aus dem Englischen übersetzt von
Marianne Rieke

Titel der Originalausgabe:
AUM – The infinite Energy, Gayatri Books International, India.
ISBN 81-89514-06-7

Bibliografische Information der Deutschen Bibliothek
Die Deutsche Bibliothek verzeichnet diese Publikation in der Deutschen Nationalbibliothek; detaillierte Daten sind im Internet über http://dnb.ddb.de abrufbar.

1. Auflage Dezember 2008

Tel.: 08071 – 94813, Fax: 08071 – 94814, http://www.sheema.de

ISBN 978-3-931560-13-3

Übersetzung: Marianne Rieke
Berater: Michael Röslen, Mohit Joshi
Fotografien: Vanaja Vishal
Lektorat / Layout / Gesamtherstellung: Cornelia Linder
Druck und Bindung: FINIDR, s.r.o.

Haftungsausschluss:
Dieses Buch wurde zur Fortbildung und Anleitung für ein spirituelles Leben geschrieben. Die Aussagen über Heilung ersetzen nicht die Inanspruchnahme eines Arztes. Die Anwendung der in diesem Buch vorgestellten Methoden und Techniken geschieht auf eigene Verantwortung. Weder die Autorin, noch die Übersetzerin, noch der Verlag sind in irgendeiner Weise für medizinische Ansprüche aufgrund des Materials dieses Buches verantwortlich. Wer die hier vorgestellten Methoden und Techniken beruflich bzw. kommerziell verwenden möchte, benötigt dafür die vorherige Genehmigung der Autorin. Für weitere Informationen wenden Sie sich bitte schriftlich direkt an Frau Dr. Verma.

AUM-Symbol in den Wolken des Hohen Himalayas

Vor fast zwanzig Jahren arbeitete ich, nach vielen Jahren der Forschung in weltbekannten Instituten in Frankreich und den Vereinigten Staaten, in einem deutschen Pharma-Unternehmen. In dieser Zeit erwachte in mir die Erkenntnis, dass es besser sei, Gesundheit zu erforschen als Krankheit. Meine Inspiration zu diesem Erwachen ging auf zwei Erfahrungsbereiche in meinem Leben zurück: Auf meine Großmutter, die eine große Heilerin war, und auf mein Leben in Deutschland. Während ich aufwuchs, erlebte ich, dass vor unserem Haus lange Schlangen von Menschen standen, die von meiner Großmutter Hilfe erwarteten. Sie heilte sie mit Massage und einigen einfachen ayurvedischen Hausmitteln. Auch wir Kinder wurden so behandelt, wenn es uns nicht gut ging. Ebenso wurden uns einige Lebensregeln beigebracht, was man tun oder lassen sollte. Danach richtete ich auch weiterhin mein Leben ein, wo immer auf dem Globus ich mich befand. In Deutschland, wo vielleicht die meisten gesundheitsbewussten Menschen der Welt leben, wurde mir immer wieder gesagt, über welch großen Reichtum an Wissen über alternative Medizin ich verfügen würde, und dass ich lieber über Heilung lehren und schreiben sollte, statt in der modernen medizinischen Forschung zu arbeiten. Für mich selbst war dieses Wissen einfach meine Art zu leben oder mein Lebensstil. Ich erkannte den Widerspruch zwischen meiner Forschung über Krankheit und dieser meiner persönlichen Lebensweise. Daraufhin änderte ich mein Leben, begann, bei meinem Guru Acharya Priya Vrat Sharma von der Banaras Hindu Universität Ayurveda zu studieren. Dieser Lernprozess setzt sich bis heute fort.

Im Jahr 1986 gründete ich die „New Way Health-Organisation“ „NOW“, um eine Gesundheitsrevolution in die Welt zu bringen. Mittlerweile habe ich 18 Bücher geschrieben, Lehr- und andere Programme über die Medien in verschiedenen Ländern der Welt herausgebracht, um die Botschaft des „Selbst-bewusst-Werdens“ zu verbreiten und den Menschen das Gewahrsein dafür zu vermitteln, dass sie für ihre Gesundheit selbst verantwortlich sind. Dieser Weg war sehr steinig, aber zutiefst erfüllend. Belohnt wurde ich nicht von der indischen Regierung oder irgendeiner anderen offiziellen Stelle. Aber wann immer ich aus allen Teilen der Welt von Studenten und Lesern Dankesschreiben bekomme, fühle ich, dass mein Leben etwas wert ist.

Eine Gruppe von Leuten, die Ayurveda schätzen, haben sich mit mir zusammengetan, um meine Mission, der Welt eine Gesundheitsrevolution zu bringen, weiter voran zu treiben. Gemeinsam sind wir stärker, und wir möchten jeden von Ihnen mit unserem Wachruf erreichen: „Wachen Sie auf (wake up) und nehmen Sie Ihre Gesundheit und Ihr Leben in die eigenen Hände“. In meinem ersten Buch über Ayurveda (1990) habe ich die Essenz davon so zusammengefasst: „**An erster Stelle im Leben steht das Leben selbst**“. Unordnung und Krankheiten bringen Not, Leiden und Tod. Aller Reichtum, den Sie anhäufen mögen, ist umsonst, wenn Sie sich nicht wohl fühlen. Beugen Sie deshalb diesen Notlagen vor, bevor sie bei Ihnen anklopfen. Die Zeit, aufzuwachen, ist **jetzt** (NOW). Unternehmen Sie etwas, um Ihr Leben zu verändern. Suchen Sie nicht weiter nach Pillen; denn das wird anderen Krankheiten die Türen öffnen, und Sie werden sich in einem Teufelskreis von verschiedensten Beschwerden verfangen. Begegnen Sie Störungen in Ihrem Körper umgehend und versuchen Sie, diese durch Veränderung in Ihrem Lebensstil und Ihrer Ernährung zu beseitigen.

Wir bringen die Serie *Wakeup* heraus, um Ihnen zu helfen, sich selbst zu heilen, sobald die ersten Symptome von Störungen oder auch nur Vorläufer davon auftauchen. Die meisten Bücher dieser Serie sind in der Form von Aphorismen oder Sutren geschrieben. Jede Sutra wird erklärt, und Sie finden dort alle praktischen Tipps, um Beschwerden zu begegnen. Haben Sie Mut und Geduld, und vertrauen Sie Ihren Heilkräften. Setzen Sie die Behandlung mit Diät, Überprüfung Ihrer Lebensweise und einigen einfachen Kräuterheilmitteln fort.

Sowohl als Individuen wie auch als Gesellschaft sollten wir aufwachen. Schieben Sie die Schuld nicht auf Pharma-Unternehmen, Cola-Getränke, Pestizide in Lebensmitteln oder ungesunde Fastfood Restaurants. Wenn wir als Menschheit **aufwachen**, werden diese ungesunden Dinge keine Daseinsberechtigung mehr haben.

Ich habe in den Zeitungen gelesen, dass aufgebrachte Bauern in Bangalore Fastfood-Restaurants niedergebrannt und auch woanders ähnliche wütende Demonstrationen stattgefunden haben. Erinnern Sie sich an Gandhi, und ziehen Sie sich friedlich von allem zurück, was Ihre Gesundheit ruiniert. Wenn Sie mit Ihrem Körper zerstörerisch umgehen, indem Sie ungesundes Essen zu sich nehmen, stellt das den größten Gewaltakt (hinsa) dar, den Sie sich selbst zufügen. Unser Körper ist ein heiliger Tempel, in dem unsere Seele wohnt. Das ist Ihr eigentliches Wesen. Wachen Sie auf, und sorgen Sie gut für Ihren Tempel.

Vinod Verma Januar 2005

Berg-AUM im Hohen Himalaya

AUM auf einem Winterblatt im Hohen Himalaya

Dieses Buch hat zum Ziel, Ihren Geist/Ihr Gemüt im Sinne einer bewussteren Lebensführung zu stärken und Ihnen Techniken der Selbstheilung nahe zu bringen. Im Ayurveda hat jede Therapie drei Dimensionen: Eine rationale, eine mentale und eine spirituelle. Diese drei Therapieebenen sollten gleichzeitig angesprochen werden. Dies Buch liefert Ihnen systematische Techniken, um Ihren Geist/Ihr Gemüt zu kontrollieren und seine Kraft auf ein nützliches Ziel auszurichten. Diese Techniken sind die Grundlage für mentales und spirituelles Heilen.

Für ganzheitliches Leben und Handeln ist es wichtig, diese Techniken zu erlernen, um in Kontakt mit den tiefen Schichten unseres Bewusstseins zu kommen, um mentale Stabilität zu erlangen und um die uns innewohnende Kraft zu entfalten. Einfache und leichte Techniken rund um das Mantra AUM ermöglichen es, den Geist im Gleichgewicht zu halten und Ihre persönliche, ungeheure Energie zu nutzen. Dadurch können Sie körperliche und mentale Stärke erlangen, die Sie dann mit der rationalen Therapie gemeinsam für Ihre Heilung einsetzen können.

Inhalt

Seite

Vorwort von Professor Dharmananda Sharma

„Aumityaitadakşaramidam sarvam tasyaupavyākhyānam
bhūtam bhavad bhavishyaditi
Sarvamaunkāra aiva yacchānyat trikālāteetam
tadaspyaunkara aiva."

„AUM ist ein unvergängliches Wort. AUM ist das Universum und dieses ist die Ausdrucksform von AUM. AUM ist die Gegenwart, die Vergangenheit und die Zukunft, alles, was war, alles, was ist und alles, was sein wird. Ebenso ist auch alles, was jenseits der Begrenzungen von Zeit existieren könnte, gleichermaßen AUM."

(Mandukya Upanishad I,1)

Das höchste Wort-Prinzip (Sabda-brahman) wird in den Veden unter verschiedenen Namen beschrieben. Es wird mit Geist/Gemüt, Materie und prajapati gleichgesetzt. Im Rigveda wird es als die „Aktive Kraft des Brahman" bezeichnet. Es wird als ein „Es" identifiziert und als „produktives Prinzip" personifiziert. Vak, die Sprache, wird von AUM zusammengehalten, genau so, wie die Blätter von einem Blattstiel gehalten werden und AUM ist die ganze Welt. Die wahrhafte Bedeutung der Veden ist in der Silbe AUM enthalten, die auch mit pranava (wörtlich: das, was widerklingt) und udgitha (wörtlich: aufsteigender Gesang) gleichgesetzt wird. Ihre Wiederholung als beeja mantra (wörtlich: Same, aus dem alle anderen Mantren hervorgehen) sichert die Bewahrung des erworbenen Wissens sowie Schutz des Suchenden gegen Irrtum und Unglück. Die Stärkung der Konzentrationsfähigkeit des Geistes kann zur Glückseligkeit führen. Der Weise Patanjali, einer der höchsten Lehrer des Yoga, spricht vom Allerhöchsten Ewigen als dem tatsächlichen kosmischen Klang AUM, den man in der Meditation hören kann.

Für die Zwecke des Sadhana (Praxis) wird der Übende aufgefordert, sich vier Bereiche von Brahman, der Kosmischen Energie, vorzustellen. Man nennt sie „die vier Viertel". Die ersten drei davon – grobstofflich, feinstofflich (subtil) und kausal – bilden die Welt der Erscheinungen. Der vierte Bereich ist transzendental, nämlich jenseits von Zeit, Raum und Kausalität. Das ist Turiya oder das bedingungslose Brahman. Brahman und Atman sind identisch. Der grobstoffliche Aspekt von Brahman hat sein Gegenstück im wirkenden Zustand (visva) von Atman. Darin wird die äußere Welt mittels der Sinnesorgane wahrgenommen. Der feinstoffliche Aspekt im Traumzustand (Taijasa) liegt vor, wenn man die innere Welt wahrnimmt, die durch Verarbeitung von Erfahrungen erzeugt wird. Der kausale Aspekt wird im Tiefschlaf (prajna) erfahren und ist durch Glückseligkeit und Stillstand der Aktivitäten des Geistes charakterisiert. Der transzendentale Aspekt von Atman, oder das reine Bewusstsein, das seine wirkliche Natur darstellt, ist dasselbe wie Turiya. Wie Brahman, hat auch AUM vier Teile, Buchstaben (matra) genannt. Die ersten drei sind A, U und M, die den drei ersten Bereichen von Brahman entsprechen. Hinzu kommt ein undifferenzierter Klang von AUM, der auftritt, nachdem die drei ersten Buchstaben als Laute ausgesprochen wurden. Frei von allen Eigenschaften, ist dies nicht ein bestimmter Klang, sondern bezeichnet die Subtraktion aller Klänge. Es ist dasselbe wie das bedingungslose Brahman oder Turiya. Somit kann man durch Meditation mit AUM Brahman in seinen weltlichen und kosmischen Aspekten realisieren.

Der Laut A – der erste Buchstabe von AUM – durchdringt jeden Klang. Er ist in allen Klängen anwesend. Man kann keinen Laut hervorbringen, ohne den Mund zu öffnen, und der dadurch erzeugte Klang ist A. Ebenso wird das gesamte Universum von Vaisvanara Atman durchdrungen. Kenntnis vom Traumzustand und Tiefschlafzustand kann man nur im Wachsein haben. Nachdem so die drei Zustände unsere gesamte Erfahrung des Universums darstellen, durchdringt der Wachzustand das ganze Universum. Obgleich A als der erste Buchstabe über allen anderen steht, ist U, welches nach dem A kommt, in einem bildhaften Sinn ebenfalls höher angesiedelt. Taijasa oder Atman in seiner Wirkungsweise im Traumzustand wird wiederum als über Vaisvanara stehend angesehen, da es Ideen aufnimmt, während letzteres nur das Grobstoffliche sieht. Bei der Erforschung des Traumzustandes erkennt der Suchende, dass physische Phänomene Zustände des Geistes/Gemütes sind und diese Erkenntnis bringt ihn der Wahrheit näher. Wie der Buchstabe U zwischen A und M steht, so liegt der Traumbereich zwischen Wachzustand und Tiefschlaf. Prajna Atman, dessen Sphäre der Tiefschlaf bildet, ist M, der dritte Buchstabe von AUM. Sowohl der Wach- wie der Traumzustand erscheinen während ihrer Manifestation und verschwinden während der Nicht-Manifestation im traumlosen Zustand. Deshalb sagt man, dass sowohl Vaisvanara als auch Taijas in Prajna enthalten sind, das mit einem Gefäß verglichen werden kann. Wenn das Wort AUM mehrmals schnell wiederholt wird, ist der Klang, den man tatsächlich hört „mamm". Das ist der Grund, warum die Buchstaben A und U mit M eins werden. Gleichermaßen werden Visva und Taijasa eins oder verschmelzen mit Prajna im Tiefschlaf.

Die Welt der Erscheinungen besteht aus Ideen oder mentalen Zuständen. Ideen brauchen Worte für ihren Ausdruck. Das Aussprechen des Wortes AUM (A…U… M…) gibt den Schlüssel für die Aussprache aller Worte oder Laute/Klänge/Töne seitens der Menschen. Die verschiedenen Teile des Stimmorgans, die zur Aussprache aller Laute benutzt werden, braucht man auch bei dem

Aussprechen von AUM. Deshalb ist AUM die Matrix aller Klänge, aus denen in ihren verschiedenen Formen die Worte hervorgehen, die sprachlich benutzt werden. Der Laut A, der aus der Kehle aufsteigt, wenn man den Mund öffnet, um irgendein Wort zu sagen, ist der Anfang aller Klänge. Der Laut M ist der abschließende Klang, wenn man die Lippen schließt. Und der Laut U ist das Vorwärts-Rollen des Impulses, der in der Kehle erzeugt wurde und mit dem Schließen der Lippen endet. Somit werden, wenn AUM ausgesprochen wird, all diese verschiedenen Teile des Stimmorgans benutzt, die man für das Aussprechen von Worten braucht. Deshalb schließt AUM alle Klänge ein. Das Substrat aller Klänge ist AUM und das Substrat der Erscheinungen ist Brahman. Der Klang, der die Erscheinungen darstellt, ist nicht von diesen verschieden, da beide illusorisch sind. Wenn die Illusion verschwindet, bleibt nur das Substrat, welches in sich eines und ohne Differenzierung ist. Deshalb wird gesagt: Brahman ist AUM.

In Bezug auf Atman verschmilzt Visva mit Taijasa und Taijasa mit Prajna. Ebenso verschmilzt in Bezug auf AUM der Laut A mit U und U mit M. Die verschiedenen Aspekte von Atman sind identisch mit den verschiedenen Klängen von AUM. Wer um diese Übereinstimmung weiß, erkennt auch, dass das ganze Universum des Wachens und Träumens in Prajna aufgeht und aus diesem hervorkommt. Dieses Prajna ist Ishvara oder Brahman, das als Urgrund des Universums betrachtet wird. Durch Meditation auf A erreicht der Suchende Visva, durch Meditation auf U Taijasa und durch Meditation auf M Prajna. Durch Meditation auf das „Klanglose“ erreicht man keine weitere Ebene. Das positive Ergebnis der Kenntnis von Turiya besteht in der Beendigung von Dualität, die Spannung, Angst und Leiden hervorruft. Durch Meditation auf AUM im Herzen als Symbol für Brahman wird der Suchende frei von allen

Ängsten und Mühen und erfreut sich der Glückseligkeit des höchsten Himmels.

Das vorliegende Buch mit dem Titel: „AUM - Die Unendliche Energie“ stellt einen einzigartigen Beitrag von Dr. Vinod Verma für die Entwicklung der Menschheit dar. Das Buch ist nicht einfach eine Analyse eines theoretischen Konzeptes, sondern das Ergebnis der tiefen spirituellen Praxis, die sie seit mehreren Jahrzehnten ausübte. Als spirituelle Lehrerin lehrt sie einige einfache und leicht auszuführende Techniken, mit denen man in die tiefen Bereiche des Bewusstseins vordringen, mentale Stabilität erreichen und die im Inneren schlummernde Energie erwecken kann. Durch Anwendung dieser Techniken mit dem Mantra AUM kann man seine eigene ungeheure Energie dazu nutzen, Stärke und Gleichgewicht auf der physischen und mentalen Ebene zu erreichen, was die wirkliche Grundlage für Frieden und Glückseligkeit ist.

Dharmananda Sharma
Philosophy Department
Panjab University, Chandigarh

AUM-Symbol auf einem Tier im Hohen Himalaya

Vorbemerkungen der Autorin

Dies kleine Buch möchte dazu beitragen, die subtile Energie in uns wachzurufen, die wir im Überfluss besitzen, jedoch nicht zu nutzen wissen. Diese Energie schlummert in uns und ist Ursache unseres Daseins. Es ist wichtig, die Ursache von Bewusstsein in unserem Körper zu erkennen, um diese Energie zu erwecken und sie dann durch verschiedene Techniken verfügbar zu machen.

Ich vermittle in diesem Buch einfache Techniken, die Ihnen helfen werden, innere Stille (sattva) zu erlangen, mit der Sie sich dann von Spannung, Stress, Irritationen und Ärgernissen des täglichen Lebens befreien können. Sie haben Schwierigkeiten, weil Sie nur Schwierigkeiten sehen und ihnen Bedeutung geben. Sobald Sie deren vergängliche Natur und dem gegenüber die ewige Natur auf dem Grunde des Seins erkennen, können Sie zuschauen, wie Ihre Schwierigkeiten wie ein Tropfen im Ozean verschwinden.

Wenn Sie die in diesem Buch vorgestellten Techniken regelmäßig üben, werden Sie einen höheren Zustand des Geistes (buddhi) erreichen. Sie werden Klarsicht und Intuition entwickeln und die Wirksamkeit Ihrer Arbeit wird sich um ein Vielfaches erhöhen. Der Vorteil dieser Techniken liegt darin, dass sie einfach in Ihrem täglichen Lebensablauf eingebettet sind und Sie keine zusätzliche Zeit kosten, wie etwa längeres meditatives Sitzen oder das Rezitieren von Mantren mit einer Mala. Sie bringen Ihren Geist in innere Stille und Frieden (sattva). So erreichen Sie einen yogischen Zustand, während Sie vollkommen in der Welt leben. Dies ist der Pfad eines Karmayogi, wie er von Lord Krishna in einem Sloka erklärt wird.

„Brahmaarpanam Brahma havirbrahmaagnau
brahmnaa hutam,
Brahmaiv ten gantavyam Brahmakarma smaadhinaa".

(Bhagavad Gita, IV, 24)

Ein Yogi praktiziert ein Opferritual (Yagna). Er opfert dem heiligen Feuer gereinigtes Butterfett (Ghee) mit Kräutern vermischt, mit Hilfe eines Löffels in der Annahme, dass es zu Brahman, der Ewigen Energie, gelangt.

Die Essenz dieser Shloka sagt: Die handelnde Person ist Brahman, der Opferlöffel ist Brahman, das Opfer selbst, das dem Feuer übergeben wird ist Brahman, das Feuer selbst ist Brahman, und das Opferritual dient dem Zweck, Brahman zu verwirklichen. Das Wort „Brahman" steht im Sanatana dharma für die Ewige Kosmische Energie bzw. Universelle Seele.

Energie wird ständig von einer Form in eine andere umgewandelt. Unsere Alltagssituationen sind nicht die eines Yogi, aber die Umwandlung von Energie ist für uns ebenso wichtig. Indem wir diese Energie ins Gleichgewicht bringen, können wir viele unserer täglichen Widrigkeiten auflösen, die unser Leben unerfreulich machen, uns unter Spannung setzen und schließlich krank werden lassen. Solch eine Balance kann mühelos durch ein paar einfache Übungen gefördert werden, die in diesem Buch dargestellt sind.

Der hauptsächliche Zweck dieses Buches ist es, Spiritualität in Ihr tägliches Leben zu integrieren, um Ihren Geist/Ihr Gemüt in Ausgeglichenheit zu halten und Ihre eigene immense Energie zur Erreichung mentaler und physischer Kraft, Gleichgewicht, Intuition, Erhöhung der Wirksamkeit Ihrer Arbeit und Ausbildung Ihrer Heilungsfähigkeit nutzen zu können.

Vinod Verma
Dezember 2006

www.ayurvedavv.com
ayurvedavv@yahoo.com
drvinodverma@dataone.in

Danksagungen

Ich danke von ganzem Herzen Herrn Professor Dharmamanda Sharma von der Panjab University für seine Führung durch seine große, tiefe Weisheit sowie für sein Vorwort zu diesem Buch. Er ist stets großzügig mit seiner Zeit und seinem Wissen.

Ich bringe meine Dankbarkeit gegenüber Mahendra Kulasrestha für seine Arbeit als Herausgeber zum Ausdruck.

Ich drücke auch Mohit Joshi meine herzliche Dankbarkeit aus für seine himmlische Geduld, mit der er mir bei Computerschwierigkeiten geholfen und mir einen Computer für unser Zentrum im Himalaya geschenkt hat, als wir durch einen Brand unser Büro verloren hatten.

Ich danke meinem Neffen Pranav für seine Hilfe bei den Illustrationen des AUM.

Mein besonderer Dank gilt Swami Sundranand ji von Gangotri dafür, dass er mir einzigartige Bilder des AUM-Symbols im Hohen Himalaya (siehe die Seiten 6, 10 und 18) zur Verfügung gestellt hat. Er ist ein einzigartiger Yogi mit einer Kamera, der eine ausgeprägte Begabung zum Fotografieren im Hohen Himalaya hat, sogar im Winter. Er hat ein Buch mit einer exklusiven Sammlung von Fotos unter dem Titel: „Der Himalaya durch die Linse eines Sadhu“ veröffentlicht.

Ich bin Lokandra Bisht von Uttarkashi dankbar dafür, dass er mich mit Swami Sundranand ji in Verbindung gebracht und dessen Bilder für dies Buch verfügbar gemacht hat.

Marianne Rieke hat dieses Buch mit großer Liebe und Hingabe übersetzt, und ich danke ihr herzlich dafür. Aufgrund ihrer langjährigen spirituellen Erfahrung war sie die beste Übersetzerin für dieses besondere Buch.

Einführung

Der Ursprung des Mantras AUM liegt in der vedischen Tradition. Die Veden weisen nicht auf irgendeine Religion hin. Sie sind Quelle universeller Weisheit, welche die kosmische Ordnung erklärt, die man Sanatana dharma nennt. Sanatana bedeutet „ewig“ und dharma heißt „kosmische Ordnung“. Die kosmische Ordnung endet nie und ist somit ewig. Deshalb wird sie durch ein Chakra oder Rad dargestellt, das man dharma-chakra nennt.

Chakra, das den Begriff der Ewigkeit der Zeit darstellt, vom Konark Sonnentempel in Orrisa

Bevor wir weiter fortfahren, ist es wichtig zu verstehen, dass das Wort „Hindu“, das mit der so genannten hinduistischen Religion in Verbindung gebracht wird, im Grunde einen sprachlichen Irrtum darstellt. Zu vedischen Zeiten gab es die Induskultur entlang der Flüsse Shindu und Saraswati auf dem indischen Subkontinent. Die benachbarten Perser hatten Schwierigkeiten damit, „S“ auszusprechen, und sie sprachen den Namen des Flusses stattdessen mit „Hindu“ aus. Dies wurde dann so in die übrige Welt weiter getragen und die Menschen, die auf dem Subkontinent lebten, wurden überall als „Hindus“ bekannt. Außerdem leiteten sich Worte wie „Industan“, „Hindustan“, usw. davon ab. Wie immer wir sie nennen mögen, jedenfalls haben die Menschen des Subkontinentes der Welt großartige Weisheit gegeben. Veden und Upanishaden, Yoga, Ayurveda, die Bhagavad Gita, Astronomie, Physik, Astrologie und vieles mehr sind das Erbe der Menschheit dieses Subkontinents. Der Begriff der Zeitzyklen, Theorien über Kosmogonie und Kosmologie, sowie das Verständnis von Ganzheitlichkeit, sind einige weitere Konzepte aus Indien, die in der modernen Welt geschätzt werden. Nachdem die westliche Welt einen Weg der Desintegration im Leben und Denken hinter sich hat, kehrt sie nun zum Verständnis der Ganzheitlichkeit zurück. Dies umfasst das Wissen, dass die gleichen Prinzipien den gesamten Kosmos regieren, einerlei, ob sie nun in einem Baum, im menschlichen Körper oder im astronomischen System zum Ausdruck kommen.

Unglücklicherweise wurde das Sanatana dharma der Welt durch die Kolonisatoren Indiens als „Hinduismus“ präsentiert. Dadurch betrachtete die westliche Welt unsere Tradition durch einen verengten Blickwinkel. Man sollte verstehen, dass auf dem indischen Kontinent verschiedene Lehrgebäude zu einem gemeinsamen Zweck entwickelt wurden, und dass sie alle Teil des Sanatana dharma sind, das die Ordnung ausdrückt, die den Kosmos in all seinen Manifestationen regiert: kosmisch, spirituell, sozial, kulturell, wissenschaftlich, usw. Das Sanatana dharma hat keinen Begründer und besteht aus den ewigen Normen oder universellen Prinzipien. Es hat weder Anfang noch Ende. Das grundlegende Ziel des dharma ist die Aufrechterhaltung der Harmonie im Kosmos. Menschen sind Teil des Kosmos, ebenso wie alles andere. Hier findet ständige Veränderung statt, und alles ist mit einander verbunden, hängt von einander ab und ist auf einander bezogen. Es gibt nichts ohne eine definierte Funktion, und es findet eine exakte Wahl der Mittel zur Hervorbringung eines bestimmten Ergebnisses statt. Niemals ergibt sich eine zufällige Kombination von Ereignissen, sondern diese folgen einer Ordnung, Regeln, einem System und Aufteilung von Funktionen.

Das Sanatana dharma kam im Westen entlang der Flüsse Sindhu und Saraswati sowie im Osten des nördlichen Teils des indischen Kontinents entlang des Ganges und der Yamuna zur Blüte. All diese Flüsse und andere historische Stätten werden in den Veden erwähnt. Für den Leser ist es wichtig zu wissen, dass sich das Symbol von AUM bereits auf Siegeln der alten Sindhu Zivilisation aus der Zeit vor 3000 v. Chr. findet. Hier folgen zwei Abbildungen dieser Siegel. Das auf S.27 stellt Mahayogi dar, das untere das Symbol von AUM. Die Schrift auf dem Mahayogisiegel stammt aus vorvedischer Zeit.

Mahayogi und Darstellung von AUM (S.26) von Siegeln von Mohenjadaro (Zivilisation des Industales), 3000 v. Chr.

AUM repräsentiert in kürzester Form in Ton und Bild die Grundbotschaft des Sanatana dharma. Es stellt die kosmische Wirklichkeit dar, die eine Verbindung von Materie und Energie ist. Im menschlichen Wesen sind diese in Form des Körpers und der Seele vorhanden. Der zerstörbare Körper ist der Tempel der unzerstörbaren und ewigen Seele. Durch die Wiederholung von AUM sind wir fähig, die Sinne zurückzuziehen und den Geist zu beruhigen. Ist der Geist einmal still, können wir die Ewige Energie der Seele berühren. Sobald wir zu dieser gewaltigen Energiequelle Zugang gewonnen haben, können wir sie für verschiedene nutzbringende Zwecke anwenden.

Dieses Buch bietet praktische Methoden an, um die Energie, die latent in uns liegt, nutzbar zu machen. Zu diesem Zweck brauchen wir keine besonderen Sitzungen oder Lektionen. Es ist eine Frage der persönlichen Anstrengung und Ausdauer. Die Ergebnisse sind wunderbar: Wir können Frieden, Harmonie, Ausstrahlung und Gesundheit erhalten. Wenn Sie den einfachen Methoden folgen, die in diesem Buch vorgestellt werden, können Sie sich geistig und körperlich reinigen.

Ich übersetze im Folgenden ein vedisches Gebet aus dem Hindi, welches nach der Beendigung eines Yajana in Nord Indien gesungen wurde. Dies Gebet ist 150 Jahre alt und zeigt die Bedeutung, die die Veden den grundlegenden menschlichen Werten und der ganzen kosmischen Umgebung beimessen.

Oh Mächtiger! Reinige unseren Geist
Gib uns Geisteskraft, um Falschheit und zweifelhafte
Wege zu überwinden!

Mögen wir die vedischen Hymnen rezitieren
und stets wahrhaftig bleiben,
Mögen wir alle immer glücklich sein und über das Meer
der Schmerzen hinaus gehen!

Mögen wir Yajana ausführen zum Wohl der Menschheit.
Mögen wir der Menschheit Gutes erweisen,
indem wir auf dem Pfad des Dharma bleiben
und seinen Leitprinzipien folgen!

Mögen wir jeden Tag mit Verehrung und Hingabe
Yajana ausführen.
Mögen wir die leidende Menschheit von Schmerz und
Krankheit befreien!

Möge unser Geist frei sein von Bösem
und kriminellen Eigenschaften.
Möge das Yajana Männer und Frauen segnen,
so dass sich ihre Wünsche erfüllen!

Möge dies Havan (Feuer-Zeremonie)
jedem lebenden Wesen nützen.
Mögen gute Luft und reines Wasser mit gutem Duft
überall sein!

Mögen wir unsere selbstsüchtigen Absichten loslassen
und die Liebe in uns stärken.
Möge jeder von uns sich selbstlos verhalten
und demütig sein!

Wir beten mit gefalteten Händen
und neigen unser Haupt in Ehrerbietung:
Oh Du Mächtiger, Verkörperung von Mitgefühl, gieße
Dein Mitgefühl über uns aus!

ॐ ॐ ॐ ॐ ॐ ॐ ॐ ॐ ॐ

Shivatempel in Kedarnath im Hohen Himalaya

Teil I

AUM: Die Unendliche kosmische Energie

1. Der Klang und das Symbol von AU.......M... repräsentieren die Kosmische Wirklichkeit.

Der erste Teil des Klanges beginnt mit einem langen AU..... Dies ist ein Ton wie „o“ in „oval“ auf Englisch, wie „au“ auf französisch ausgesprochen wird und wie „o“ in „ohne“ auf Deutsch. Der zweite Teil des Klanges endet mit einem nasalen „m“, was auch ein lang gezogener Ton ist.

Das Mantra AUM ist das kürzeste Mantra und kommt aus der vedischen Tradition des Sanatana dharma zu uns. Die vedische Sprache ist die einzige Sprache der Welt, die durch Klang und Tonalität bestimmt ist! Tatsächlich wurde in der indischen Tradition bis noch vor kurzem alles in Gedichtform geschrieben und jeder Autor „Dichter“ genannt. Der Prozess des Lernens vollzieht sich ebenfalls singend. In traditionellen Schulen werden sogar Grammatik und Mathematik noch bis zum heutigen Tage singenderweise gelehrt.

AUM wird als ein ewiger Klang betrachtet, der in sich selbst vollständig und die Quelle aller anderen Klänge ist. Das ist der Grund, warum man AUM als Samen aller anderen Mantren (beeja mantra) bezeichnet und warum man es an den Anfang jedes anderen Mantras stellt. (Weitere Einzelheiten hierzu finden Sie im Vorwort Seite 14 ff).

2. Der erste Teil des Symbols AUM, der durch ein Zeichen dargestellt wird, das der Form einer 3 ähnelt, bedeutet die Vielfalt des Kosmos.

Der Kosmos hat verschiedene Formen, Farben und Geschöpfe. Überall vollzieht sich Handlung – es gibt Berge, Wälder, Seen, Flüsse, Meere und Ozeane. Es gibt die verschiedensten Sorten von Pflanzen und Tieren, die diesen

Kosmos verschönern. Dazu gehören auch Tage, Nächte, Jahreszeiten – und alles verändert sich immerzu. Keine zwei Menschen sehen einander gleich, und die Blätter jeder Art Pflanze unterscheiden sich von einander. Unterschiedlichkeit, Veränderung und Schönheit sind die Kennzeichen unseres Kosmos. In seiner Form und seinem Klang stellt der erste Teil von AUM diese Charakteristika des Kosmos dar.

3. Der Klang steigt allmählich an.

Mit fortschreitender Übung werden Sie die Kapazität Ihrer Lungen erhöhen, so dass Sie tiefer Luft holen und die Zeit verlängern können, in der Sie den Klang AU.... halten können. Während Sie dies singen, sollte der Klang ansteigen. Allerdings werden Sie in den Anfangsstufen noch nicht in der Lage sein, dies lange Zeit durchzuhalten. Man braucht wiederholte Übung von Pranayama (Atemübungen), um den Klang zu verlängern und aufsteigen zu lassen.

4. Der Klang von AU... geht dann während des letzten Teils des Atems in ein nasales M... über und steigt in den Kopfbereich.

Der zweite Teil von AUM ist das nasale M...., bei dem der Klang in den Kopf aufsteigt. Dies wird durch den Halbmond mit dem Punkt darin symbolisiert. Auf dem Höhepunkt von AU...... sind die Lippen geschlossen, und der Klang eines nasalen M..... kommt aus der Nase. Sie werden spüren, wie dieser Klang aufsteigt und in Ihrem Kopfbereich widerhallt. Zu diesem Zeitpunkt sind Sie schon fast vollständig ausgeatmet. Somit ist die Verlängerung des Atems wesentlich für die Fähigkeit, diesen Teil im Gleichgewicht mit dem vorhergehenden Teil singen zu können.

ॐ ॐ ॐ ॐ ॐ ॐ ॐ ॐ ॐ

AUM aussprechen lernen

1. Setzen Sie sich mit gekreuzten Beinen oder in einer anderen angenehmen Haltung hin, richten Sie Ihren Rücken gerade auf und atmen Sie tief ein. Halten Sie den Atem eine Sekunde lang und beginnen Sie dann, ihn ganz langsam ausströmen zu lassen. Stellen Sie sicher, dass der Atem sanft heraus fließt und nicht auf eine stockende Art und Weise. Wiederholen Sie dies mindestens fünf Atemzüge lang.

2. Dieser Schritt ist der gleiche wie vorhin, aber diesmal lassen Sie Ihren Atem mit einem Ton aus dem tieferen Bereich Ihrer Kehle ausströmen. Das ist noch nicht der Klang von AUM, der unser Ziel ist. Achten Sie darauf, dass Ihr Mund während dieser Atemübung geschlossen bleibt. Wiederholen Sie dies mindestens fünfmal.

3. Atmen Sie tief ein und lassen Sie den Atem ausströmen, während Sie den Klang von AU... aus dem oberen Teil Ihres Kehlkopfes entlassen. In diesem Prozess sind Ihre Lippen leicht geöffnet und gekräuselt. Wiederholen Sie dies ebenfalls fünfmal.

4. Um AUM vollständig zu singen, vollziehen Sie Schritt Nummer 3, und lassen am Ende von AU... diesen Klang nach und nach in ein nasales M... übergehen. Der Klang von M... sollte in Ihren Kopfbereich aufsteigen.

ॐ ॐ ॐ ॐ ॐ ॐ ॐ ॐ ॐ

5. Die Vielfältigkeit des Kosmos verschmilzt während des Aussprechens von AU...M... in Eins.

Die Wandlung der ersten Melodie von AUM in die zweite bezeichnet eine Reise aus der phänomenalen Welt von Form, Farbe, Handlung (Karma), Bewegung und Veränderung in die stille, ewige, unveränderliche Energie. Diese Energie ist die Ursache von Handlung in der Welt der Phänomene, aber sie selbst ist von jeder Handlung frei. Aus sich selbst kann sie nicht handeln, da sie reine Energie ohne Materie ist, die das „Fahrzeug" für Handlung darstellt. Materie ihrerseits kann nur tätig sein, nachdem diese Energie ihr Leben eingegeben hat.

6. AUM symbolisiert die Kosmische Energie (Universelle Seele) und die Kosmische Substanz (Materie).

Dies erklärt die obige Sutra noch weiter und stellt klar, dass zwei von einander unterschiedene Energien Ursache für die Welt der Phänomene sind, wenn sie in einander verschmelzen. Kosmische Energie ist die Ewige Unendliche Energie, während Kosmische Substanz materielle Energie ist. Ohne Kosmische Energie reagiert die materielle Energie nicht. Die Welt der Erscheinungen kommt nur durch die Fusion dieser beiden hauptsächlichen Energieformen ins Dasein. So symbolisiert AUM diese beiden Energien, welche Grund und Ursache unserer Existenz bilden.

7. Die Wiederholung des Mantras AUM nennt man „pranava".

In der vedischen Tradition wird die Wiederholung des Mantras AUM „pranava" genannt. Mit anderen Worten ist pranava die technische Bezeichnung, die man für die Wiederholung des Mantras AUM benutzt. Dieses Wort wird auch von Patanjali im „Yogasutra" gebraucht (siehe Teil III, Sutra 9).

Die Energie von AUM erwecken

1. Konzentrieren Sie sich auf die Gestalt von AUM. Halten Sie dieses Bild stets in Ihrem Geist. Dazu platzieren Sie es an verschiedenen Stellen, wo Sie es oft sehen können.

2. Lauschen Sie seiner Musik. Die empfohlene Musik CD ist von Shree Jasraj, einem Sänger klassischer indischer Musik. Zwar gibt es viele AUM-CDs davon, aber diese wird von einem großen Musiker in meditativem Zustand gesungen.

Auf diese Weise sehen und hören Sie das Symbol, das die faszinierende Vielfalt des Universums bezeichnet und diese Vielfalt ins Einssein hinein auflöst. Dadurch sind wir unter einander und mit dem Rest des Kosmos als Eines verbunden. Sie brauchen für diese Übung keine zusätzliche Zeit und Anstrengung. Dennoch werden Sie positive Ergebnisse erfahren. Sie werden innere Stille und Frieden erlangen. Wenn Sie diese Übung und die vorher beschriebene Praxis des Atmens und Singens von AUM durchgeführt haben, wird die Mutter aller Klänge für Sie eine Quelle von Energie und Frieden werden.

Teil II

Der Körper: Tempel der Ewigen Energie

1. Die beiden hauptsächlichen kosmischen Energien, welche die Silbe AUM symbolisiert, sind auch im menschlichen Körper vorhanden.

Dieselben Prinzipien kosmischer Wirklichkeit finden auf das Universum sowie auf den menschlichen Körper und jedes andere lebende System Anwendung. Die Ewige Energie ist überall im Kosmos vorhanden, ebenso wie die Kosmische Substanz, da die Welt der Phänomene das Ergebnis der Kombination dieser beiden darstellt und beide mit einander verschmolzen sind.

Bevor wir lernen, die Ewige Energie zu erwecken, welche in subtiler Form in uns anwesend ist, müssen wir die Grundlagen unserer körperlichen Existenz in diesem Kosmos verstehen.

2. Der Körper besteht aus zwei getrennten Wesenheiten, einer sichtbaren und einer unsichtbaren, die in einander verschmolzen sind.

Die sichtbare Wesenheit ist unsere körperliche Realität, während die unsichtbare Wesenheit jene Energie ist, die dem sichtbaren Anteil Leben eingibt. Man kann dieses Konzept leicht verstehen, wenn man die Wandlung vom Leben zum Tod als Beispiel nimmt. Wenn eine lebendige Person stirbt, hat er/sie immer noch denselben Körper. Die Masse und Form des Gehirns innerhalb des Schädels sind intakt, und dennoch kann diese Person sich weder bewegen noch denken, da die unsichtbare Wesenheit, welche die sichtbare zum Funktionieren gebracht hatte, nicht mehr da ist. Sie ist aus dem Körper „hinausgeflogen“ und hat damit das bewirkt, was wir „Tod“ nennen. Nachdem die unsichtbare Wesenheit den Körper verlassen hat, bleibt dieser nicht mehr als unabhängiges System erhalten. Er zerfällt, da er keines seiner Untersysteme, wie Immunsystem, Nervensystem, Atemsystem, usw., mehr besitzt.

3. Die sichtbare Wesenheit (der Körper) ist zerstörbar, hat jedoch tranformierbare Energie, die ihr Kontinuum besitzt.

In der vorherigen Sutra wurde gesagt, dass der Körper zerfällt, wenn sich die Ewige Energie von ihm trennt. Das bedeutet jedoch nicht, dass die sichtbare Wesenheit des Menschen ins Nichtsein übergeht. Der Körper als System besteht zwar nicht mehr, aber das größere, nämlich kosmische System, funktioniert weiterhin. Die sichtbare Wesenheit wird transformiert und kehrt zurück in die Form kosmischen Materials. Aus diesem gleichen kosmischen Material werden neue Körper für diejenigen aufgebaut, die empfangen und geboren werden, um als unabhängige Wesen zu existieren. Die Welt der Phänomene existiert lediglich, weil die beiden Hauptenergien zusammen sind und dadurch ständig eine aktive Veränderung und Transformation im Kosmos stattfindet. Die einzelne Person hat ihre karmische Kontinuität in Bezug auf ihr zerstörbares oder ihr körperliches Wesen. Nach dem Karma des vorangegangenen Lebens entscheiden sich die Umstände und Bedingungen der nächsten Geburt. Außerdem ergibt sich der Grundcharakter des Individuums, seine äußere Erscheinung, grundlegende Haltungen und Fähigkeiten als Ergebnisse des früheren Karmas.

4. Der Körper besteht aus fünf Grundelementen.

Alles Existierende ist aus fünf Elementen aufgebaut, welche die Basisstruktur aller sichtbaren Wesenheiten im Kosmos bilden. Das erste Element ist Raum, da ohne diesen nichts existieren kann. Im Raum gibt es die Luft, welche die Lebenskraft für alle Wesen ist. Das dritte Element ist das Feuer, für dessen Bestand die beiden vorherigen Elemente wesentlich sind. Das vierte Element ist Wasser, und seine Existenz ist von den drei vorhergehenden Elementen abhängig. Beispielsweise friert Wasser ohne Hitze und kann nicht fließen. Das fünfte Element ist Erde, welche in sich auch alle vier vorigen Elemente enthält.

5. Die unsichtbare, unzerstörbare und Ewige Energie kann nur lebendig sein, wenn sie die veränderliche Energie „bewohnt".

Was wir „lebendig" nennen oder als lebend betrachten, ist nur möglich, wenn das sichtbare und das unsichtbare Wesen als eines zusammen kommen. Die unsichtbare Ewige Energie als solche ist für sich alleine nicht lebendig, so lange sie nicht in dem sichtbaren materiellen Körper wohnt, der aus den fünf Elementen besteht.

6. Der Körper ist der Tempel der Seele, welche Teil der Kosmischen Energie oder Universellen Seele ist.

Die Seele ist das Göttliche (the divine) im Körper. Göttlich ist das, was ewig und unzerstörbar ist, wenn man es mit dem menschlichen Körper und anderen lebenden Wesen im Universum vergleicht, die nach einer bestimmten Lebensspanne ein Ende nehmen. Gemäß der vedischen Tradition ist Brahman oder die Universelle Seele in jedem von uns anwesend und macht den materiellen Körper lebendig, wie oben erklärt wurde.

Die Beziehung zwischen der sichtbaren und unsichtbaren Wesenheit als der Tempel und das Göttliche darin wird in dieser Sutra beschrieben.

Amarnath, Höhlentempel in Kashmir

7. Diesen Tempel sauber und rein zu erhalten, ist das vordringlichste Dharma aller Menschen.

Unsere erste Verpflichtung (svadharma) bezieht sich auf unseren Körper. Ein Individuum sollte den Körper sauber und im Rhythmus mit dem gesamten Kosmos erhalten, da er die Wohnstatt der Ewigen Energie darstellt. Diese Energie strahlt in jeder Körperzelle und erhält sie lebendig. Wenn wir unseren Körper nicht gut instand halten, wird diese Strahlung blockiert. Dann fallen wir aus dem kosmischen Rhythmus und leiden unter Beschwerden.

Ebenso wichtig ist es, den Geist rein und stabil zu erhalten, und die Menschen sollten Beherrschung üben. Die yogische Tradition beruht auf diesem Thema der Kontrolle des Geistes, um das Göttliche in uns zu erreichen und dann die individuelle Seele mit der kosmischen Ewigen Energie zu verschmelzen.

8. Der Körper hat sowohl dosha als auch guna.

Nach der vedischen Tradition besteht der ganze Körper aus dieser Substanz, die beim Tod zerfällt. Somit ist die Fähigkeit des Denkens Teil des Körpers. Man betrachtet den Geist als den sechsten Sinn, der über allen Sinnen steht und die anderen fünf kontrolliert.

Wie alles im Kosmos, besteht der Körper aus fünf Elementen: Äther, Luft, Feuer, Wasser und Erde. Jedes lebende Wesen aus dem Königreich der Pflanzen und Tiere besitzt ein unabhängiges System, das nach denselben Prinzipien wie das kosmische System arbeitet. Die fünf Elemente nehmen die Form der drei Vitalkräfte an, um alle physischen und mentalen Funktionen im Körper auszuführen. Diese Vitalkräfte werden „doshas“ genannt. Sie heißen „vata“, bestehend aus Äther und Luft, „pitta“, bestehend aus Feuer, und „kapha“, bestehend aus Wasser und Erde.

Der lebendige Körper hat eine unabhängige Denkfähigkeit mit drei charakteristischen Eigenschaften, die man „gunas“ nennt. Diese sind „sattva“, das die Qualitäten von Stille, Frieden, Güte, Schönheit usw. enthält, „rajas“, das die Eigenschaften von Bewegung, Antriebskraft, Handlung usw. umfasst, und „tamas“, das in sich alle Eigenschaften birgt, die Bewegung und Aktivität sowie die Entwicklung des Geistes verhindern. Dies sind die sechs Dimensionen des Seins. Diese Sechs funktionieren jedoch nur in Anwesenheit der siebenten Dimension – der Seele. Somit hat die Gesamtheit unseres Seins sieben Dimensionen.

9. Die Seele ist nirguna.

Die drei charakteristischen Eigenschaften des Geistes (gunas), die oben beschrieben wurden, sind Qualitäten der kosmischen Substanz auf kosmischer Ebene. Im Gegensatz dazu ist die Universelle Seele ohne charakteristische Eigenschaften oder gunas (nirguna). Sie ist reine Energie, die weder Form, noch Substanz, noch irgendwelche charakterisierende Eigenschaften hat. Unsere Seele ist Teil der Universellen Seele. Somit ist sie lediglich Energie, welche Leben in die Substanz bringt, die unser Körper ist.

Natürlich entstandener Shiva Lingam aus Eis
in der Höhle von Amarnath (Kaschmir)

10. Die Seele ist die Ursache des Seins für unseren Körper und sein Energiesystem.

Wie bereits in der Erklärung der beiden vorhergehenden Sutren dargestellt wurde, gibt die Seele Leben in den Körper und ist so die Ursache seines Seins. Es ist diese lebensspendende Kraft, welche das Energiesystem des Körpers formt.

11. Außer dem sichtbaren Energiefluss gibt es subtile Energiekanäle im Körper, welche die Ewige Energie zu verschiedenen Körperteilen transportieren.

Sichtbare Energieflüsse sind Atmung, Blutkreislauf, Verdauung, Ausscheidung, usw. Darüber hinaus gibt es einen feinstofflichen Energiefluss. Die Energie der Seele fließt in jede Zelle des Körpers. Dieses Flusssystem der unsichtbaren Energie im Körper ist wie ein Energiekörper innerhalb des physischen Körpers. Diesen nennt man den subtilen oder feinstofflichen Körper oder sukshma sharira.

12. Säuberung und Reinigung helfen, den Fluss der feinstofflichen Energie im Körper zu verstärken, und führen zur Klärung des Geistes.

Jede Art von Schmutz am und im physischen Körper sowie jede Art von Unreinheit im Denkprozess blockiert den Fluss der subtilen Energie im Körper. Deshalb sind Sauberkeit und geistige Reinheit in diesem Tempel der Seele wesentlich. Reinheit von Körper und Geist führen hin zu mentaler Klarheit und Leistungsfähigkeit aufgrund des reibungslosen Flusses der subtilen Energie, die von der Seele ausstrahlt.

13. Die Verstärkung von sattva durch persönliche Bemühungen erleuchtet den Menschen mit der Ewigen Energie der Seele.

Sattva ist die charakteristische Eigenschaft des Geistes, in dem Güte, Frieden und Harmonie vorherrschen. Man muss eine Anstrengung unternehmen, um die Eigenschaft des sattva im Geist zu verstärken. Sattva gleicht rajas und tamas aus. Wenn man sich fortlaufend bemüht, einen sattvischen geistigen Zustand zu erlangen und die Ebene vollkommener Stille erreicht, wird der Geist zur Ewigen Energie der Seele hingeführt. Der Geist/das Gemüt (mind) befindet sich zwischen den fünf Sinnen und der Seele. Meistens lässt sich der Geist durch die fünf Sinne zu der faszinierenden Welt von Form, Farbe und Klang hinziehen. Durch sattva jedoch erlangt der Geist Stille, zieht sich zeitweise von den Sinnen und der Welt zurück und wird zur Seelenenergie hingeleitet.

14. Im Augenblick des Todes trennt sich die Seele vom Körper, und der Fluss von prana endet.

Der Körper hat seine Existenz zwischen Geburt und Tod. Körper und Seele sind durch prana oder das Ein- und Ausatmen der kosmischen Energie im Atemprozess miteinander verbunden. In dem Augenblick, in dem die Seele den Körper verlässt, endet auch die kosmische Anbindung des Körpers durch prana.

15. Die fünf konstituierenden Elemente ziehen sich in ihren Ursprung zurück.

Ohne die Seele zerfällt der Körper, und die fünf Elemente, aus denen er gebildet wurde, fließen in ihr kosmisches Reservoir zurück.

16. Die unzerstörbare Seele jedoch verbindet sich nicht mit der Kosmischen Energie oder Universellen Seele, da sie an das Karma des jeweiligen Individuums gebunden ist.

Die Seele eines jeden Individuums geht nicht zurück in die kosmische Seele, so, wie die fünf Elemente des Körpers zu ihrem Ursprung zurückkehren. Die Seele jedes einzelnen Individuums ist durch dessen Karma gebunden. Die Seele ist reine Energie, aber an Karma gebunden. Die Auswirkungen des Karmas sind ihr aufgeprägt oder existieren in ihr in Form eines Codes. Dieser entscheidet über die Umstände der Geburt des Individuums im nächsten Leben. Der Mensch erhält dann einen neuen Körper, um das Pro und Kontra von vielen seiner Handlungen aufzuordnen.

17. Dazu bedarf es eines weiteren Körpers, der sich wiederum aus den fünf Elementen bildet.

Die Seele, die mit der Gesamtsumme des Karmas eines Individuums beladen ist, zieht diesen Menschen durch ein weiteres Leben. Auf diese Weise geht der Kreislauf von Leben und Tod immer weiter.

18. Meditatives Singen des Mantras AUM und Konzentration auf seine Bedeutung verstärken geistige Klarheit und damit das Gewahrsein für die Durchführung richtiger Handlungen (Karma).

Nach den Lehren des Sanatana dharma der vedischen Tradition ist jeder Mensch für seine guten oder schlechten Taten verantwortlich. Er oder sie entscheidet, Karma mit dem Unterscheidungsbewusstsein oder „buddhi“ auszuführen. Die Wiederholung des Mantras AUM und die

Konzentration auf seine Bedeutung führen zu geistiger Klarheit und somit einem guten Gespür, so dass jeder das richtige Karma für sich selbst wählen kann.

Ein vedisches Yajana

Gangotri, Hoher Himalaya

6. AUM ist die Nahrung, AUM ist derjenige, der die Nahrung einnimmt, und AUM ist reine Gesundheit.

Bevor Sie Nahrung zu sich nehmen, bereiten Sie sich dafür vor, indem Sie sagen, dass das Essen, das Sie zu sich nehmen wollen, Teil derselben Ewigen Energie ist, aus der Sie selbst bestehen. Der sichtbare wie der unsichtbare Wesensanteil, sind in Ihnen und Ihrem Essen anwesend. Nahrung ist AUM, und Sie, die Sie die Nahrung zu sich nehmen, sind ebenfalls AUM. Sobald das Essen sich in Ihnen befindet, versorgt es Sie mit den fünf Elementen, die die drei Doshas bilden, und diese sind für alle physischen und mentalen Funktionen des Körpers zuständig. Lassen Sie sich von dieser Nahrung Gleichgewicht und Harmonie bringen.

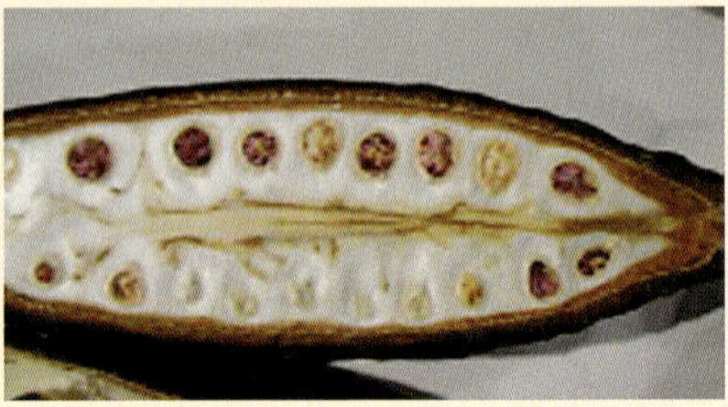

Rasa, die fünf Elemente und ausgeglichene Ernährung

Für diejenigen Leser, die nicht mit dem ayurvedischen Konzept ausgeglichener Ernährung vertraut sind, ist es wichtig, dieses Konzept im Hinblick auf die kosmische Ordnung zu verstehen. Unser Körper besteht aus fünf Elementen, welche drei Doshas bilden, die für die mentalen und physischen Funktionen des Körpers, wie das Nervensystem, das Verdauungssystem, das Atmungssystem, usw., verantwortlich sind. Daher brauchen wir eine ständige

Versorgung des Körpers mit den fünf Elementen, damit all unsere Systeme funktionieren. Der Körper wird mit diesen fünf Elementen auf dem Wege der Atmung und der Ernährung versorgt. Es gibt sechs Hauptgeschmacksrichtungen im Kosmos. Diese sind süß, sauer, salzig, scharf, bitter und zusammenziehend. Die Gesamtauswirkung jeder Geschmacksrichtung auf den Körper wird mit dem Begriff „rasa" bezeichnet. Somit ist das Wort „rasa" nicht nur eine Übersetzung von „Geschmacksrichtung", sondern es bezeichnet auch die gesamte Auswirkung eines bestimmten rasa auf den Körper. Dies ist im Ayurveda ein pharmakologischer Begriff, den man benutzt, um die Wirkung von Produkten auf den Körper im Rahmen ayurvedischer Ernährung und Pharmakologie zu beschreiben. Jeder rasa besteht aus zwei der fünf grundlegenden Elemente. Dadurch versorgen die Substanzen, die wir zu uns nehmen, unseren Körper mit fünf Elementen. Jede natürliche Substanz enthält mehr als einen rasa. Einige außergewöhnliche natürliche Substanzen enthalten das Maximum von fünf rasas. Die Substanzen mit mehreren rasas, und ebenfalls rasas von großer Intensität, nennt man „rasayanas". Das sind solche Substanzen, welche dem Körper intensive Energie zuführen und seine Immunität und Vitalität stärken.*

* Weitere Einzelheiten finden Sie in meinen Büchern: „Ayurveda, der Weg des gesunden Lebens" und „Die Lebensküche – meine besten Ayurveda Rezepte".

7. AUM vollbringt Ihre schwierigsten Aufgaben und löst Ihre Probleme.

Bei der Arbeit oder in einigen anderen Lebenssituationen treffen wir alle auf schwierige Momente. Viele von uns fühlen sich zeitweise hilflos oder bezeichnen sich in verschiedenen Lebenssituationen als „gestresst". Außerdem leiden viele von uns emotional auf die eine oder andere Art in unterschiedlichen Beziehungen. Manche Menschen sind unglücklich, weil ihr Mann oder ihre Frau nicht ihren Erwartungen entsprechen. Andere haben besondere Erwartungen gegenüber ihren Kindern. Die meisten Menschen fühlen sich in mancherlei Situationen völlig überfordert, und viele werden auch krank, wenn sie mit schwierigen Gegebenheiten in ihrem Leben konfrontiert werden.

Wir halten uns für wichtig und denken, dass wir alles kontrollieren können. Wenn wir unsere Haltung ändern, unser Ego herunterstufen und das Ewige in uns erkennen, das über das „Ich" hinausgeht, und AUM die Arbeit tun lassen, können wir uns unser Leben leichter machen. Das bedeutet nicht, dass Sie Ihre Bemühungen einstellen sollten, sondern vielmehr, dass Sie Ihre Anstrengungen durch die Erweckung von AUM in Ihnen unternehmen. Das Ego und Mangel an Geduld sind zwei Hauptfaktoren, die uns Leiden bringen. Denken Sie immer daran, dass sich die Dinge dann ereignen, wenn ihre Zeit da ist – nicht früher und nicht später. Wiederholen Sie AUM, und machen Sie stets das Beste aus Ihren Bemühungen.

8. Die Energie von AUM, die durch Ihren Körper und durch Ihre Finger fließt, verrichtet die Arbeit – und nicht Sie.

Es gibt eine unsichtbare Ewige Energie, welche den Körper aus Fleisch und Blut funktionieren lässt. Innerhalb dieses Körpers ist ein feinstofflicher Körper mit seinem Netzwerk von Kanälen oder nadis. Durch diese fließt die subtile Energie in den ganzen Körper. Diese Ewige Energie ist es, die alles tut, und nicht ausschließlich das körperliche Selbst, mit dem sich die meisten von uns identifizieren. Wenn wir diese grundlegende Tatsache verstehen, unser Ego beiseite lassen und AUM als den Handelnden akzeptieren, können wir von Leiden und Stress frei werden.

Teil V

Die Ewige Energie erwecken (subtil)

1. Um die Ewige Energie auf einer subtilen Ebene wach zu rufen, sollten Übungen der Konzentration auf alle Einzelheiten des Körpers durchgeführt werden.

Wie bereits in den vorigen Teilen des Buches erklärt wurde, gibt es einen subtilen Körper innerhalb des physischen Körpers. Der Prozess des Erweckens der Energie vollzieht sich in verschiedenen Schritten. Übungen zur Konzentration auf die einzelnen Teile des Körpers sollten durchgeführt werden, um die subtile Energie aufzuwecken.

Die Energie des subtilen Körpers unterscheidet sich von der Energie, die Sie durch Ihre Willenskraft und Entschlussfähigkeit haben. Diese besteht auf der Ebene des Körpers und des Denkens, während diejenige Energie, mit der wir uns hier beschäftigen, auf einer feinstofflichen, d.h. subtileren Ebene, angesiedelt ist. Lassen Sie mich Ihnen ein Beispiel zum besseren Verständnis dieser Idee geben: Sie sollen irgendeine Arbeit an einem bestimmten Abend zu Ende führen, aber Sie fühlen sich müde. Sie haben keine Wahl, trinken Kaffee und setzen sich an die Arbeit. Später entwickeln Sie eine tiefe Anteilnahme an Ihrer Arbeit und vergessen sogar die Müdigkeit. So haben Sie Ihren Termin eingehalten und sind spät zu Bett gegangen. Am nächsten Tag fühlen Sie sich sehr müde, da Sie in der vorigen Nacht zu wenig geschlafen haben. Wenn Sie nun aber fähig gewesen wären, Ihre Arbeit mit Hilfe der erweckten subtilen Energie fertig zu stellen, würden Sie sich am nächsten Morgen nicht müde fühlen. Um allerdings die subtile Energie zu erwecken, brauchen Sie eine lange Zeit der Übung und müssen eine gewisse Ebene von Spiritualität erreicht haben, auf welcher Ihr sukshma sharira (feinstofflicher Körper) funktionieren kann. Die folgenden Konzentrationsübungen mit dem Mantra AUM werden zur Erweckung der subtilen Energie vorgeschlagen.

2. Konzentrieren Sie sich auf Ihre Ohren, um nur das AUM zu hören, das Sie singen.

Der Gehörsinn wird als der höchste der fünf Sinne betrachtet. Das Objekt des Gehörsinnes ist Klang, und Klang durchquert den Äther (Raum), welcher das erste der fünf grundlegenden Elemente darstellt. Äther ist das primäre Element, das die Existenz der vier anderen Elemente ermöglicht.

Singen Sie AUM, und bringen Sie Ihre ganze Konzentration zu Ihren Ohren. Konzentrieren Sie sich auf den Klang Ihres eigenen Singens. Sie können auch eine CD mit AUM-Musik benutzen, wie ich schon vorher empfohlen habe. Machen Sie dies mindestens fünf Minuten jeden Tag, fünfzehn Tage lang. Versuchen Sie, es jeden Tag zur gleichen Zeit zu tun. Durch wiederholte Übung werden Sie darin Meisterschaft gewinnen und fähig sein, die Energie mit wenigen Atemzügen zu erwecken.

3. Visualisieren Sie AUM in Ihren Augen, während Sie das Mantra singen.

Singen Sie das Mantra AUM und visualisieren Sie dessen figürliche Form in Ihren beiden Augen. Das bedeutet, jedes Auge ist in die Form „AUM" verwandelt, während Sie das Mantra singen. Machen Sie dies ebenfalls täglich fünf Minuten während fünfzehn Tagen.

4. Konzentrieren Sie sich auf einen speziellen Duft und singen Sie AUM, während Sie sich in Ihren Geruchssinn verlieren.

Nehmen Sie etwas, das intensiv und angenehm duftet und ein natürliches Produkt ist, wie eine Rose oder Jasmin oder Sandelholzöl oder zerstoßenen Kardamom oder irgendein ähnliches Produkt. Atmen Sie dessen Geruch ein und singen Sie AUM, während Sie sich auf diesen intensiven Duft konzentrieren. Führen Sie diese Übung ausdauernd jeden Tag durch, wie oben beschrieben.

5. Konzentrieren Sie sich auf Ihre Zunge, während Sie etwas schmecken.

Streichen Sie etwas Charakteristisches auf Ihre Zunge und singen Sie AUM, während Sie sich auf diesen Geschmack konzentrieren. Sie können etwas wählen, das Ihnen angenehm ist, und zusammen mit der Konzentration und dem Singen visualisieren Sie die Gestalt von AUM auf Ihrer Zunge. Wiederholen Sie diese Übung mindestens fünfzehn Tage, um sie zu meistern.

6. Konzentrieren Sie sich auf Ihre Finger, während Sie das Mantra AUM singen.

Diese Übung bezweckt, die Energie Ihres fünften Sinnes, des Berührungssinnes, zu verstärken. Singen Sie AUM und konzentrieren Sie sich auf Ihre Finger. Visualisieren Sie die Energie von AUM als durch Ihre Finger fließend.

Die Finger benutzt man für die meiste Arbeit und auch für heilende Tätigkeiten wie Massage und ähnliche Behandlungen. Wenn die feinstoffliche Energie gut fließt, wird die Führung von einer anderen Ebene als dem Gehirn übernommen, um Sie dahin zu leiten, das Richtige zu tun und falsche Handlungen (Karma) zu vermeiden, bei denen Ihr Berührungssinn mitwirkt.

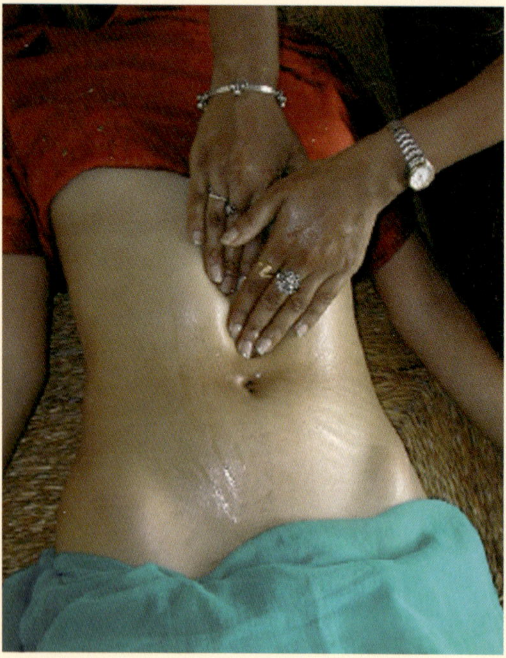

7. AUM ist in Ihrem Nabel (nabhi).

Nach den Lehren des Yoga-Gurus Patanjali führt uns der energetische Mittelpunkt oder das Chakra am Nabel zum Erwerb des Wissens über das Labyrinth des Körpers. Das bedeutet, dass Sie mit dieser Konzentrationsübung Ihre Intuition entwickeln, mit der Sie etwas über die inneren Teile Ihres Körpers und Ihren gesamten Gesundheitszustand erkennen. Um diese Energie zu erwecken, singen Sie das Mantra AUM, während Sie sich auf Ihren Nabelpunkt konzentrieren. Führen Sie diese Übung regelmäßig, anfangs fünf Minuten täglich, aus. Dann entwickeln Sie die Gewohnheit, Ihren Atem mehrmals am Tag zu diesem Energiepunkt zu schicken und dabei, leise oder laut, AUM während des Ausatmens zu singen.

8. AUM ist in Ihrem Solarplexus (Hridya).

Hridya oder der Solarplexus, der den Bereich des Herzens, der Lungen und der Leber umfasst, ist ein weiterer konzentrischer Energiepunkt. Dies ist der Sitz der Seele, von wo der feinstoffliche Körper ausgeht. Machen Sie die Konzentrationsübung in derselben Weise wie mit dem Nabelchakra. Die Meisterschaft über diesen Energiepunkt gibt Ihnen Wissen um Ihren Geist und seine drei Eigenschaften. Das hilft Ihnen, rajas und tamas mit sattva ins Gleichgewicht zu bringen.

Es ist wichtig, zunächst mehrere Monate lang die Konzentration auf das Nabelchakra durchzuführen und erst dann mit dem Hridya zu beginnen. Es handelt sich dabei um einen schrittweisen Weg in immer tiefere Bereiche unseres Wesens.

AUM-Gemälde von Dr. Vinod Verma

Teil VI

Nutzen der Ewigen Energie

1. AUM atmen, schenkt Ihnen Ausstrahlung, Energie und Schönheit.

Die meisten Menschen atmen sehr oberflächlich und mechanisch. Das Atmen von AUM ist eine bewusste Atmung und führt Sie automatisch zur Kontrolle über Ihre Atmung. Es hat die Verlängerung Ihres Atems zum Ziel und versieht Sie dadurch mit gewaltiger kosmischer Energie, mit dem Ergebnis, dass Sie ein strahlendes Aussehen, mehr Energie und eine anziehende Erscheinung bekommen. Allerdings, damit Sie all dies erhalten, sollten Sie die Übung mehrmals am Tage praktizieren. Dazu braucht man keine besonderen Sitzungen oder speziellen Zeiten. AUM atmen, können Sie zu jeder Zeit und überall. Es ist sehr empfehlenswert, damit gleich morgens beim Aufstehen zu beginnen, die AUM-Atmung vor den Mahlzeiten, bevor Sie eine neue Arbeit anfangen und bevor Sie abends schlafen gehen, zu praktizieren. Daraus erwächst ein entspannter Geisteszustand für die wichtigen täglichen Aktivitäten.

2. Das Gehen mit AUM verleiht Ihnen Stabilität des Geistes.

Wenn Sie gehen und dabei das Mantra AUM aussprechen, führt das zu einem starken und stabilen Geisteszustand. Man entwickelt die Fähigkeit, Entscheidungen mit Leichtigkeit und Weisheit zu treffen. Sie stärken Ihr Selbstbewusstsein und Ihre Selbstsicherheit. Sie lassen sich nicht leicht vom Auf und Nieder des Lebens aus der Ruhe bringen und können selbst in schwierigen Situationen unberührt bleiben.

3. Sich waschen beim Singen des Mantras AUM, reinigt auch Ihren Geist.

Wenn Sie mit AUM in Verbindung bleiben, während Sie duschen oder baden, klärt und reinigt dies Ihren Geist. Es gibt Ihnen sattvische Energie und hilft, übermäßiges rajas und tamas abzulegen. Ein reiner mentaler Zustand ist die Grundlage von Harmonie und Ausgeglichenheit im Denkprozess.

4. AUM singen, bevor Sie essen, gibt Ihnen Gleichgewicht der doshas und verstärkt Ihre Energie.

Wenn Sie über AUM nachdenken, kommen Sie in einen vollständig stillen mentalen Zustand, und wenn Sie in einem solchen friedlichen Geisteszustand Nahrung zu sich nehmen, gibt sie Ihnen Stärke und Harmonie im Körper und ein langes Leben.

5. Wenn Sie AUM all Ihre Aufgaben erledigen lassen, nimmt Ihnen dieses jeden Stress und jede Spannung und macht Sie leistungsfähig.

Stress ist ein mentaler Zustand. Es ist die Situation der Befürchtung, Erwartungen nicht erfüllen zu können, wodurch ein Gefühl von Hilflosigkeit entsteht. Dies ist die Folge unseres Egos. In dem Augenblick, in dem wir die höhere Energie unsere Aufgaben erledigen lassen, ist die Furcht verschwunden, und die Effizienz der Arbeit steigt. Manche Menschen können dies durch Ihren Glauben an Gott oder irgendeine Gottheit oder einen heiligen Ort der Frömmigkeit oder Ähnliches erreichen. Aber im vorliegenden Kontext erreichen wir die höhere Energie, die in uns selbst anwesend ist, indem wir die Aufgabe an AUM übergeben. Rufen Sie sich bitte die in den vorigen Teilen des Buches gegebene Beschreibung ins Gedächtnis, wonach der Körper ein Tempel der Seele und die Seele die Ewige Energie ist. Konzentrationsübungen mit AUM helfen uns, diese innere Quelle der Ewigen Energie zu erkunden und zu benutzen.

6. Mit AUM Energie in den Fingern zu erwecken und sich auf die Chakren zu konzentrieren, bringt Ihnen Geschicklichkeit, Heilungsfähigkeit und Kreativität.

Hier ist das grundlegende Thema dasselbe wie in der vorigen Sutra: Die Wahrnehmung und Benutzung der Ewigen Energie, die immer in uns vorhanden ist. Wenn wir die Gegenwart dieser Energie erkennen, die durch unseren subtilen Körper und aus unseren Fingern fließt, sind wir automatisch fähig, diese Energie zu nutzen. Kreativität und Heilung kommen nicht aus dem rationalen Geist. Sie stammen aus einem höheren Bereich des Bewusstseins. Desgleichen erweckt die Konzentration auf AUM im Nabel und Solarplexus Fertigkeiten, um Menschen auf mentaler und physischer Ebene zu heilen.

7. Die Wiederholung von AUM, während Sie Ihren ganzen Körper visualisieren, stattet Sie mit mentaler Stärke und Mut aus.

Das Singen von AUM während der Visualisierung Ihres ganzen Körpers in seiner bildlichen Form führt Sie zur Erlangung von Mut und Stärke. Diese Übung können Sie jederzeit machen – während Sie gehen, während Sie arbeiten, bevor Sie eine Entscheidung treffen oder vor einer besonderen Unterredung. Es ist eine sofortige Quelle von Mut und Kraft in den verschiedensten Situationen des Lebens.

Gangotri

Teil VII

Den Geist mit AUM heilen

1. Die Wiederholung des Mantras AUM kann helfen, mentale Beeinträchtigungen zu überwinden.

Mentale Beschwerden heißen in der Sprache des Yoga „klesha“. Diese sind Egoismus, Anhaftung, Abneigung, Sehnsucht und Hunger nach sinnlichen Freuden. All dieses bereitet uns Schmerzen und Kummer. Die meisten unserer alltäglichen mentalen Probleme kreisen um solche Beeinträchtigungen. Die Leute sind frustriert, weil sie sich ihre Wünsche nicht erfüllen können. Manche wollen mehr Geld, andere wollen einen bestimmten Mann oder eine besondere Frau, wieder andere wünschen sich Kinder, und es gibt auch solche, deren Kinder sich nicht ihren Erwartungen gemäß entwickeln. Die Angst vor Tod oder Krankheit oder mit diesen konfrontiert zu werden, Eifersucht, Ärger, Abneigung, Hass, usw. sind einige Ausdrucksformen solcher Beeinträchtigungen.

Die Menschen wünschen sich Freude an materiellen Gütern und sinnlicher Liebe. Wenn sie diese Freude und dieses Glück haben, möchten sie, dass es immer bleibt. Dies läuft der Natur des Kosmos zuwider, da dort ständige Veränderung vor sich geht und nichts für immer andauert. Sobald diese Freuden die Menschen dann verlassen, werden sie unglücklich und leiden. Das ist der Grund, warum gesagt wird, ein weiser Mensch soll das Leben so nehmen, wie es kommt.

Im Sanatana dharma wird großes Gewicht auf die Kontrolle des Geistes und die Entwicklung geistiger Fähigkeiten gelegt. Die Wiederholung von AUM ist ein gutes Instrument, mit dem man seinen Geist von klesha abwenden und zur Erkenntnis der Ewigen Unendlichen Energie bringen kann. Wir fühlen uns zu sehr von unserer physischen, kurzlebigen Existenz in Anspruch genommen, und das ist der Grund für unser Leiden. Sobald wir die ganze kosmische Wirklichkeit als Sanatana (ohne Ende) wahrnehmen und zu diesem Element des Sanatana in uns selbst Verbindung bekommen, können wir die Beeinträchtigungen loswerden und damit auch das Leiden, das sie verursachen.

In den folgenden Sutren habe ich einige einfache Techniken zur Überwindung von Beschwerden entwickelt.

2. Mentale Beeinträchtigungen sind der Grund von Leid und können auch zu Störungen führen.

Mentale Beeinträchtigungen stören uns nicht nur mental, sondern haben auch eine Auswirkung auf unsere Gesundheit, wenn sie wiederholt auftreten. Die Menschen entwickeln dann mentale oder physische Störungen oder beides, wenn sie über einen langen Zeitraum unzufrieden bleiben. Deshalb ist es wesentlich, einen beeinträchtigten Geisteszustand mit bewusster Anstrengung zu überwinden.

Beeinträchtigter Geisteszustand

⇩ führt zu

Unzufriedenheit

⇩ führt zu

mentalen und physischen Störungen.

3. Benutzen Sie dhaukani (Blasebalg) AUM, um Ärger, Abneigung und Hass zu kontrollieren.

Bisher habe ich die klassische Art beschrieben, wie man das Mantra AUM singt oder wiederholt. Um Beeinträchtigungen des Geistes zu heilen, sind hier einige Techniken der Wiederholung von AUM in Verbindung mit besonderen Pranayama-Übungen. Diese spezielle Übung hier ist dhaukani pranayama, gemeinsam mit der Wiederholung von AUM.

Durch die Gefühle von Ärger, Abneigung und Hass wird man mental gestört. Tatsächlich sind diese drei emotionalen Zustände eng miteinander verbunden. Der große Weise des Ayurveda, Charaka, hat sie in die Kategorie von „unterdrückbaren Triebkräfte" eingeordnet. Das beinhaltet den Vorschlag, dass die Menschen schon den Drang zu Ärger, Abneigung und Hass mit persönlichen Anstrengungen unterdrücken sollten, da diese für die Gesundheit schädlich sind. In dem Augenblick, in dem Sie fühlen, dass diese Emotionen in Ihnen aufsteigen, überwinden Sie sie, indem Sie dhaukani pranayama, zusammen mit AUM, praktizieren, wie auf S.92 beschrieben. Diese Übungen dienen dazu, die schädlichen Emotionen, welche mentale Beeinträchtigungen hervorrufen, weg zu brennen.

Dhaukani, der Blasebalg, ist ein Instrument, mit dem man Luft auf ein Feuer zu bläst, um es anzufachen. Die Luft wird in einem Lederbeutel gesammelt und dann in einem starken Strom kräftig ausgestoßen, indem man die Griffe am Lederbeutel zusammendrückt. Bei dieser Atemübung kopieren Sie den Blasebalg mit Ihrer Atmung. Nachfolgend finden Sie die Beschreibung der Technik, wie Sie AUM rhythmisch mit dhaukani pranayama verbinden. (Anm. des Verlages: Es ist sinnvoll, sich Pranayama-Übungen von einem erfahrenen Yogalehrer zeigen zu lassen.)

AUM mit dhaukani pranayama

Schritt 1
Dhaukani pranayama lernen

Sitzen Sie ruhig mit untergeschlagenen Beinen oder auf einem Stuhl. Atmen Sie eine kleine Menge Luft ein und ziehen Sie gleichzeitig Ihre Bauchmuskeln so weit nach innen, wie Sie können. Blasen Sie die Luft mit Kraft aus und wiederholen Sie den Prozess schnell hintereinander. Bewegen Sie während dieser Übung nicht Ihre Schultern oder andere Teile Ihres Körpers. Wiederholen Sie dies einige Tage lang, bis es Ihnen keine Mühe mehr bereitet.
Vorsicht: Praktizieren Sie diese Übung nicht innerhalb von drei Stunden nach dem Essen. Auch sollte diese Übung nicht von Menschen durchgeführt werden, die unter Asthma oder einer anderen Beeinträchtigung des Atemsystems leiden oder die schwach oder anämisch sind.

Schritt 2
Während der oben beschriebenen Übung wiederholen Sie den ersten Teil von AUM, atmen Sie ein und ziehen Sie den Bauch ein. Sie können dabei AUM nicht singen, sondern es entsteht eine innere rhythmische Übereinstimmung mit Ihrer Dhaukani-Übung. Während Sie die Luft ausblasen, wird von der Luft ein kleiner Laut hörbar. Legen Sie einen Ton von ...M in die schnelle Ausstoßung Ihres Atems.

4. Rezitieren Sie jara AUM, um Anhaftung zu kontrollieren.

Jara bedeutet Alter in Verbindung mit Schwäche und Degenerierung. Wenn Sie vom Gefühl übermäßiger Anhaftung an weltliche Objekte oder Menschen überwältigt sind, sollten Sie sich die sich stets wandelnde Natur des Kosmos klarmachen, um dieses klesha oder diese Beeinträchtigung loszuwerden. Stellen Sie sich vor, Sie seien siebzig oder achtzig Jahre alt. Denken Sie an die Unbeständigkeit von allem, was existiert. Weder Sie selbst noch die Dinge oder Menschen um Sie herum werden der Verwandlung entkommen, die durch den Zeitablauf herbeigeführt wird.

Im Ayurveda gibt es einen Unterschied zwischen bridha avastha, d.h. alt und dennoch gesund und in Harmonie bleiben, und jara, d.h. Alter in Verbindung mit Degenerierung und Schwäche. Wenn Sie den letzten Abschnitt Ihres Lebens mit Singen des Mantras AUM vollbringen, werden Sie die Nutzlosigkeit von Anhaftungen erkennen. Daher schlage ich vor, dass Sie Ihre Energie dazu aufwenden, in der Zukunft gesund und weise zu werden, statt anderen Menschen oder Dingen nachzuhängen.

Jara AUM singen

Nehmen Sie einige tiefe Atemzüge und erhöhen Sie die Kapazität Ihrer Lungen, so dass Sie langsam und tief atmen. Beginnen Sie damit, das Mantra AUM zu singen, wie zuvor beschrieben. Während des ersten Teiles mit AU..... fühlen Sie die Energie in sich selbst. Während des zweiten Teiles des nasalen M lassen Sie sich selbst vollständig los und stellen Sie sich vor, Sie seien alt und schwach. Bis zum Ende des Singens des M fühlen Sie sich vollständig bewegungsunfähig und atmen alle Luft aus. Beleben Sie sich neu mit jugendlicher Energie bei der nächsten Einatmung und dem Singen von AU..... Wiederholen Sie das Mantra mehrere Male. Damit gehen Sie in den Prozess der Verjüngung im Alter durch Singen eines Mantras. Dieser Prozess wird Sie mental reinigen und Ihnen helfen, mit ständiger Übung Anhaftung loszuwerden.

5. Benutzen Sie mrityu AUM, um Gier zu kontrollieren.

Mrityu bedeutet Tod. Die Menschen fühlen sich von Gier überwältigt, im Wesentlichen aufgrund der irrigen Annahme, dass sie für immer hier leben würden. Die grundlegende Tatsache des Lebens ist jedoch, dass wir alles, was wir hier angesammelt haben, zurücklassen und mit leeren Händen aus dieser Welt scheiden müssen. Sobald wir diese Erkenntnis haben, wird die Beeinträchtigung, die durch Gier hervorgerufen wird, automatisch verschwinden. Ich schlage vor, dass Sie das Mantra AUM gemeinsam mit der Erkenntnis Ihres Lebensendes wiederholen.

AUM in Shavasana

Shavasana ist die „Haltung des toten Körpers“, und man imitiert dabei eine Leiche. Legen Sie sich auf den Rücken und lassen Sie sich vollkommen los. Ihre Handflächen sollten nach oben zeigen. Fühlen Sie die Schwere Ihres Körpers auf dem Boden. Beginnen Sie dann, sehr sanft und langsam den ersten Teil des Mantras zu singen. Stellen Sie sich vor, dass Sie dessen Energie in Ihren ganzen Körper schicken. Die Energie kreist in Ihrem Körper und Sie atmen aus, während Sie den zweiten Teil des Mantras singen. Nachdem Sie alle Luft ausgeatmet haben, spüren Sie Ihren Körper ohne Atem wie eine Leiche. Stellen Sie sich eine Sekunde lang das Ende Ihres Lebens vor. Nehmen Sie dann den Atem und das Mantra wieder auf. Wiederholen Sie dies mehrmals, um eine intensive Erfahrung zu gewinnen.

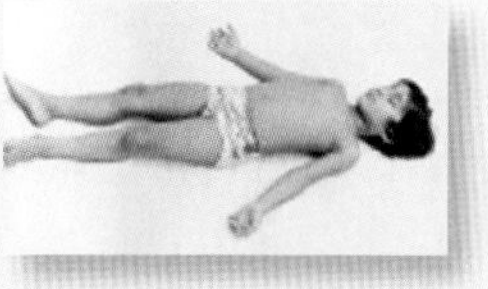

6. Benutzen Sie kapalabhati AUM, um kama (Sinnlichkeit und Sexualität) zu kontrollieren.

Kapalabhati ist eine Pranayama-Übung, bei der man auf sehr schnelle Weise die Einatmung in die Kopfregion bringt. Das beinhaltet, den Atem hochzuziehen und schnell zu atmen. Wenn Sie sich von einem sinnlichen Wunsch überwältigt fühlen, der nicht erfüllt werden kann und zur Beeinträchtigung wird, machen Sie die folgende Übung von kapalabhati pranayama zusammen mit AUM.

AUM mit kapalabhati

Sitzen Sie bequem, vorzugsweise mit gekreuzten Beinen. Beginnen Sie so zu atmen, als ob Sie Ihren Atem nach oben ziehen. Kapalabhati beinhaltet schnelles Atmen und die Prana-Energie in den Kopfbereich schicken. Koordinieren Sie diesen schnellen Atem mit AUM. Ziehen Sie die Luft mit dem Ton von AU... hoch, und atmen Sie mit M… aus. Es ist nicht möglich, den Klang von AUM zu erzeugen, sondern es gibt nur einen Ton aus dem tieferen Bereich Ihrer Kehle.

Wiederholen Sie dies in Anpassung an Ihre Fähigkeiten. Sollten Sie Probleme bekommen, legen Sie einige Pausen mit normaler Atmung zwischendrin ein.

Achtung: Wenn Sie sich nicht wohlfühlen, an einer Krankheit leiden und anämisch sind, machen Sie diese Übung nicht. Falls Ihnen schwindlig wird, beenden Sie die Übung.

7. Benutzen Sie AUM sadhana, um den Geist zu stabilisieren und zu stärken.

Sadhana bedeutet wörtlich: Selbstlose und ausdauernde Arbeit für ein bestimmtes Ziel. Im Zusammenhang mit Yoga meint es die Durchführung von Konzentrationsübungen in einer regelmäßigen, systematischen und disziplinierten Art, um das Ziel des Yoga zu erreichen. Im vorliegenden Kontext ist Ziel die Wiederholung des Mantras AUM und die ständige Verbindung damit. Im Anfangsstadium bringt sadhana mentale Stärke und Stabilität. Auf einer fortgeschrittenen Stufe erreichen Sie die Kraft, die Vergangenheit und die Zukunft zu kennen. Üben Sie einfach die Wiederholung von AUM mit dem Ziel, Erkenntnis über die Ursache Ihres Lebens zu gewinnen. Machen Sie die Übung morgens und abends regelmäßig. Während des Tages wiederholen Sie AUM beim Gehen und mit den anderen oben beschriebenen Praktiken.

Teil VIII

Mit AUM den Körper heilen

1. Spirituelle Therapie ist nicht unabhängig von rationaler und mentaler Therapie.

„Heilen mit AUM" schließt spirituelle Therapie ein. Mit anderen Worten, die Heilung geschieht durch Erweckung der Ewigen Energie. Therapien mit anderen Mantren, Edelsteinen, Musik, Pilgern, Asche aus Feuerzeremonien und auch alle Arten von zeremonieller Heilung fallen unter die Kategorie der spirituellen Therapie.

Charaka, der große Weise des Ayurveda aus dem 6. Jahrhundert v. Chr., beschrieb drei Arten von Therapien: rationale, mentale und spirituelle. Diese Sutra betont, dass man nicht ausschließlich spirituelle Therapie anwenden und rationale und mentale Therapien beiseite lassen sollte. Das kann sehr gefährlich sein. Manche Menschen werden von spiritueller Therapie fasziniert und denken, Sie könnten ausschließlich durch eine oder die andere Methode davon geheilt werden. In vielen Fällen jedoch wird dann die rationale Annäherung und ordnungsgemäße Diagnose hinausgezögert und der Patient ernsthaft krank.

2. Die drei Arten von Therapie sollten gleichzeitig angewendet werden.

Charaka hat betont, dass diese drei Therapien – die rationale, mentale und spirituelle – gleichzeitig angewendet werden sollten. Rationale Therapie umfasst ordnungsgemäße Diagnose, Einnahme von Medikamenten, Pflanzenauszügen, Diäten, Massage, Übungen, Ölbäder, Dampfbäder, Panchakarma oder die fünf Reinigungspraktiken usw. Mentale Therapie umfasst Trost für Geist und Gemüt durch Familie, Freunde, Meister, Arzt, um die mentale Kraft des Patienten zu stärken, so dass er oder sie geistig zum Heilungsprozess beitragen kann. Yogische Methoden, um den

Geist zu stabilisieren, fallen ebenfalls in die Kategorie der mentalen Therapie. Spirituelle Therapie vollzieht sich entweder durch Erweckung der Ewigen Energie im eigenen Inneren oder durch Vertrauen in Gott oder durch bestimmte Rituale und Zeremonien.

3. Die sichtbare Wesenheit des Körpers unterliegt dem Zerfall, während die unsichtbare Wesenheit ewig und jenseits von Veränderung und Zerstörung ist.

Die sichtbare Wesenheit des Körpers ist das physische Selbst eines Individuums, das dem Zerfall zum Opfer fällt. Die unsichtbare Wesenheit des Körpers ist die Seele. Diese ist ewig und besteht ausschließlich aus Energie. Sie ist unzerstörbar. Sie ist die Quelle, die wir für spirituelle Heilung anzapfen.

4. Die unsichtbare Ewige Energie, die dem sichtbaren materiellen Körper Leben gibt, kann zum Heilen genutzt werden.

Körper und Seele sind Substanz bzw. Energie, und in Verbindung miteinander bilden sie ein Wesen. Keines von beiden kann unabhängig vom anderen solch ein Wesen formen. Die Ewige Energie ist das animierende Prinzip des Körpers, der aus den fünf Grundelementen besteht. Indem man diese Energie erweckt und sie zu dem betroffenen Körperteil lenkt, kann man sie zum Heilen nutzen.

5. Störungen erscheinen im lebendigen Körper, wenn die Ewige Energie blockiert ist.

Wir haben bereits über den subtilen Körper und den Fluss durch die Energiekanäle oder Nadis gesprochen, welche die subtile Energie der Seele in jeden Teil des

Körpers bringen. Der Körper, den wir wahrnehmen, hat einen energetischen oder subtilen oder unsichtbaren Körper (sukshma sharira) in sich. Dieser Körper geht von der Ewigen Energie der Seele aus und hat sein eigenes Verteilungssystem für Energie an den ganzen Körper. Ebenso wie der physische Körper in all seinen Teilen von Blutgefäßen, Nerven, Lymphgefäßen, usw., erreicht wird, gelangt der feinere Körper zu jedem Teil des physischen Körpers, um ihn zu beleben. Wenn diese Energie blockiert ist und einen bestimmten Körperteil nicht oder nur teilweise erreicht, spricht das für eine auf dieser Blockade beruhende Krankheit.

6. Die Essenz des Heilens besteht darin, die Decke der Dunkelheit von der Ewigen Energie zu entfernen und diese sanft durch die Nadis, die Energiekanäle des subtilen Körpers, fließen zu lassen.

Die Essenz des spirituellen Heilens nach der vedischen Tradition besteht darin, die Ewige Energie richtig in jeden Teil des Körpers fließen zu lassen und dadurch die Blockaden im Fluss der subtilen Energie zu beseitigen. Mit anderen Worten: Die beiden Körper, der physische und der subtile, sollten sich in vollkommener Harmonie miteinander befinden, und es sollte ein sanfter Energiefluss vom Subtilen zum Physischen stattfinden.

Mit unseren fünf Sinnen bleibt der Geist mit der Welt beschäftigt und wird davon vollständig eingenommen. Im täglichen Leben gibt es viel Aktion (rajas) und Erschöpfung durch Überaktivität des Geistes. Wir fallen dann in eine Phase von tamas. Tamas hat auch die Eigenschaften von Wettbewerb, Eifersucht, Gier, etc. Rajas und tamas entfernen nach und nach den Geist von der Ewigen Energie, indem sie eine Decke von Dunkelheit über die Energie der Seele breiten, die verhindert, dass Licht von ihr ausstrahlen kann. Sattva ist die Qualität von Stille und Frieden. Diese Eigenschaft erreicht man, indem man den Geist beruhigt. Den Geist zu beruhigen, bedeutet, dass man sich zeitweise von der Welt zurückzieht, indem man die ständige Beschäftigung der Sinne mit äußeren Aktivitäten unterbricht. Durch Beruhigung des Geistes bleibt dieser in seiner eigenen Natur und ist der Energie der Seele näher als den Tätigkeiten in der Welt. In diesem Zustand erreichen wir den Fluss der Ewigen Energie, die der Körper benutzt, um Blockaden zu beseitigen und Störungen zu heilen.

7. AUM ist das Mittel, um Blockaden im Fluss der subtilen Energie aus dem Weg zu räumen.

Die Wiederholung des Mantras AUM und Konzentration auf seine bildliche Form beseitigen die Decke von Dunkelheit, welche durch rajas und tamas der täglichen Aktivitäten aufgebaut wurde, und bringen uns in das Licht von sattva. Die Übung hilft, den Geist zu beruhigen und zur Erkenntnis des SELBSTES zu bringen, das die Seele ist. Unser physischer Körper ist ebenfalls Teil unseres „Selbstes", aber das hat nur die zeitliche Existenz einer Lebensspanne in dieser besonderen Zusammensetzung und diesem Kontext. Das bedeutet, dass wir eine bestimmte Erscheinungsform haben. Wir werden von Eltern in einen bestimmten Raum hineingeboren und haben eine gewisse Umgebung anderer Menschen und umweltlicher Faktoren. Zur Zeit unseres Todes wird unser ganzes Umfeld von unserem physischen Selbst getrennt. Die Seele ist das ewige und unzerstörbare Selbst eines Individuums. Ihr ist ein bestimmtes Karma eincodiert, das über die Situationen des nächsten Lebens entscheidet. Obwohl der Körper für das nächste Leben ebenfalls aus den fünf Elementen aufgebaut wird, ist seine Zusammensetzung, aufgrund des früheren Karmas, vom vorhergehenden verschieden. Der Code des Karmas, der in der Seele aufbewahrt wird und über die Zukunft mit entscheidet, ist auf eine Art auch eine Fortsetzung des physischen Selbstes, da er für die Erscheinungsform und Eigenschaften des Individuums im nächsten Leben entscheidend ist. Das ist wie ein genetischer Code in einem größeren Kontext von Raum und Zeit, und samskara ist das Langzeitgedächtnis über eine ausgedehntere Zeitspanne hinweg.

8. Der betroffene Bereich sollte zur „AUM-Zone" gemacht werden, um seine träge Energie wieder anzuregen.

Die Übung des Mantras AUM wurde in den Teilen IV und V beschrieben. Wenn Sie das regelmäßig praktizieren, um Harmonie in ihr Leben zu bringen, werden Sie automatisch Ihre kleineren Beschwerden loswerden. Sie werden jedoch auch dem rationalen Weg der Lebensführung folgen müssen, um entsprechend der holistischen ayurvedischen Weisheit Harmonie zu erreichen. Das Wissen um pathya (ganzheitlich), apathya (nicht ganzheitlich) sowie die Kenntnis aller Dinge, die hitkar (nutzbringend) und ahitkar (schädlich) für den Körper sind, ist genau so wesentlich, wenn man lernen will zu heilen. Der Grund dafür liegt darin, dass es nicht möglich ist, vollständigen Zugang zur Heilung zu erlangen, wenn Sie auf der einen Seite spirituelle Heilung anwenden und auf der anderen Seite dem entgegenstehende Dinge tun, die die Beschwerden verstärken. Lassen Sie mich ein Beispiel geben: Sie haben eine chronische Erkältung und beginnen mit der Praxis von AUM mit dem Ziel, diese kleine, aber störende Unpässlichkeit zu heilen. Dabei beachten Sie aber nicht andere Umstände, welche die Beschwerden ständig verstärken. Sie stehen im Winter unbekleidet aus dem Bett auf, sie springen unmittelbar nach dem Aufstehen unter die Dusche, Sie trinken kalte Milch und andere kalte Getränke, usw. Auf diese Weise verstärken Sie Ihre Krankheit, und die spirituelle Therapie allein kann Sie davon nicht vollständig heilen. Schenken Sie deshalb auch den rationalen Faktoren des Heilens Beachtung.

Um irgendeine Unpässlichkeit in einem bestimmten Körperteil zu heilen, konzentrieren Sie sich auf diesen Bereich und leiten Sie die Energie der AUM Atmung dorthin. Machen Sie das täglich, so oft Sie können, und erklären Sie diesen Körperteil zu Ihrer „AUM-Zone". Das sind yogische Methoden des Heilens, und bedenken Sie immer, dass Ausdauer im Yoga für die Erlangung eines Erfolges unabdingbar ist.

9. Die Atemtechniken, gemeinsam mit dem Singen des AUM, sollten auf den betroffenen Bereich fokussiert werden.

Wie Sie im vorherigen Teil dieses Buches gelernt haben, ist das Singen von AUM oder seine schweigende Wiederholung mit einer bestimmten Art von Atmung verbunden. Sie müssen das Mantra, die Atmung und den zu heilenden Körperteil koordinieren. Nehmen Sie einen tiefen Atemzug und schicken Sie diesen in den betroffenen Bereich. Sprechen Sie schrittweise AU....M…, während Ihre Konzentration in diesem Teil Ihres Körpers bleibt. Dadurch gerät dieser in einen höheren Bewusstseinszustand. Es ist wichtig, dass Sie es mehrmals täglich wiederholen. Und es kommt nicht darauf an, ob Sie das über eine längere Zeit hinweg tun können. Sie können diese Übung machen, während Sie hin- und hergehen oder Ihre Arbeit für drei Minuten unterbrechen oder Autofahren oder auf ein Transportmittel warten, usw. Viele Menschen beklagen sich darüber, dass sie keine Zeit hätten, um all dies zu tun. Wir alle haben sehr viel Zeit, wenn wir routinemäßig und mechanisch belanglose Dinge tun, wobei unser Geist mit allerhand Absurdem beschäftigt ist. Wir müssen eine Anstrengung unternehmen, um unseren Geist dazu anzuhalten, dass er diese Zeit für nutzbringende Aktivitäten verwendet.

10. Werden Konzentrationsübungen von AUM durchgeführt, solange Sie gesund sind, können sie Ihnen in Notzeiten ungemein hilfreich sein.

Wenn Sie krank und schwach sind und Heilung brauchen, mögen Sie nicht soviel mentale Energie und physische Kraft haben, wie Sie zum Heilen brauchen. Ich schlage Ihnen daher vor, dass Sie die in diesem Buch beschriebenen Übungen regelmäßig machen, so dass Sie sie bei Bedarf ganz spontan und auf natürliche Weise zur Heilung anwenden können. Wie ein altes Wort sagt: „Du gräbst keinen Brunnen mehr, wenn Du schon am Verdursten bist". Die Chinesen sagen: „Du schmiedest keine Waffen, wenn der Krieg schon ausgebrochen ist". Der Prozess der Heilung ist vergleichbar mit der Verteidigung gegen den Angriff einer Störung. Die regelmäßige Übung des Mantras AUM wird Ihnen in Zeiten der Not helfen, sich gegen Beschwerden und Störungen zu verteidigen.

AUM: Ihr Beschützer und innerer Guru

Nahezu alle Sprachen der Welt haben das Wort „Guru" aus der Tradition des Sanatana dharma übernommen. Jedoch nur wenige verstehen seinen multidimensionalen Inhalt. Ich habe erfahren, dass viele Menschen in den Vereinigten Staaten mit diesem Wort eine Assoziation von einem alten Mann mit einem langen Bart verbanden, der über irgendeine Religion oder Sekte predigt. Vermutlich ist es in Europa oder anderen Ländern der Erde ebenso. Lassen Sie mich deshalb damit beginnen, den umfassenden Sinngehalt dieses Wortes zu erklären, so dass Sie dieses abschließende Kapitel besser verstehen können.

Bedeutung und Synonyme des Wortes „Guru"

Zuerst möchte ich Ihnen die Synonyme aufzählen, die sich im Microsoft-Word-Programm für das Wort „Guru" finden: Spiritueller Leiter, religiöser Lehrer, Maharishi, Weiser, spiritueller Führer, Berater, Leiter, Experte.

Es ist wichtig zu verstehen, dass das Wort „Guru" nichts mit einem bestimmten Geschlecht, einem Bart oder einer Sekte zu tun hat. Das Wort hat verschiedene Bedeutungen und wird in der indischen Kulturtradition und Wissenschaft mit verschiedenen Sinngebungen benutzt. Einige der grundlegenden Inhalte sind: „schwer, gewichtig, großartig, großräumig, ausgedehnt, verehrungswürdig, respektabel, spiritueller Elternteil". Das Gegenteil davon ist „laghu", was soviel heißt wie: „klein, leicht, winzig", etc. Guru bedeutet Lehrer im traditionellen Sinn des Begriffes, aber das Wort wird auch für die heutigen Lehrer im verwestlichten Erziehungssystem unseres Landes benutzt. Traditionell oblag die Erziehung den „Gurukuls“, was wörtlich „Clan des Gurus“ heißt. Dies sind Ashrams, die außerhalb der Städte oder Dörfer liegen. Sie haben Internate, in denen Bildung in allen Aspekten des Lebens auf ganzheitliche Weise vermittelt wird. Die Schüler verrichten alle Arbeiten selbst, und diese Einrichtungen sind so organisiert, dass die Gemeinschaftsarbeiten, wie Putzen und Kochen, ebenfalls von den Schülern gemacht werden. Selbst in den höheren oder spezialisierten Schulen werden neben den speziellen Fächern auch andere Aspekte des Lebens gelehrt. Die traditionellen Gurukuls gibt es in begrenzter Anzahl immer noch. Hier sind einige Bilder aus einem dieser Gurukuls in Uttarpradesh, ungefähr 70 km nordöstlich von Neu Delhi. Es gibt getrennte Gurukuls für Jungen und Mädchen, und dies ist einer für Jungen.

In den Gurukuls gibt man der Erziehung in Spiritualität und Lebensweise gemäß den Veden, einschließlich Ayurveda und Yoga, das gleiche Gewicht wie Mathematik, Sprachen, Physik, usw.

Die Rolle des spirituellen Gurus

Es gibt auch ausschließlich spirituelle Gurus. Spiritualität ist ein fortlaufender Prozess, und im Allgemeinen brauchen die Menschen Einführung und dauerndes Feedback, um das Auf und Ab des Lebens zu meistern. Die Wichtigkeit, die man in Indien der spirituellen Erziehung bemisst, zeigt sich in zahlreichen Fernsehkanälen, die sich ausschließlich mit diesem Inhalt befassen.

Wenn Angst und Furcht uns überwältigen, verlieren wir unser „vivek“, welches das höhere Reich von buddhi ist. Vivek ist der erleuchtete Geisteszustand, und in diesem Zustand können Sie keine falsche Entscheidung treffen, noch eine falsche Tat begehen. Indem Sie das Mantra AUM regelmäßig wiederholen, überwinden Sie schrittweise die Qualitäten von tamas, was Sie zu dem Zustand von vivek führt. Ihr vivek beschützt Sie auch in den schwierigsten Umständen und schlechten Situationen und führt Sie dazu, auf die bestmögliche Art zu handeln.

Ich schlage vor, dass Sie das Symbol von AUM auf allem, was Ihnen wichtig ist und was Sie gern beschützt haben möchten, anbringen. In diesem Universum ist alles lebendig und dynamisch. Somit sind das Symbol und das Mantra AUM eine symbolische Geste, um Ihre Ewige Energie mit derjenigen in den Dingen und Handlungen zu koordinieren, mit denen Sie in Verbindung sind. Bringen Sie AUM an Ihrem Haus, Auto, Computer und anderen Werkzeugen Ihres Berufes, usw., an. Gleichermaßen wiederholen Sie AUM oder berühren Sie das AUM-Symbol, bevor Sie ein neues Projekt starten, in eine neue Wohnung einziehen oder ein neues Auto benutzen. Jedes Mal, wenn Sie den Motor des Wagens starten oder Ihren Computer einschalten, denken Sie AUM. Wiederholen Sie AUM und machen Sie die AUM-Bewegungen mit Ihrem Kochlöffel, wenn Sie Mahlzeiten vorbereiten. Beginnen Sie Ihren Tag mit AUM, indem Sie nach Osten schauen, von wo die Sonne kommt, und zur Zeit des Sonnenunterganges vergessen Sie nicht, einige Atemzüge von AUM in Richtung Westen auszuführen, wo sie untergeht und dadurch das Ende des Tages bezeichnet. Wenn Sie Kinder haben und dazu neigen, sich ihretwegen Sorgen zu machen, wenn sie aus dem Haus sind, denken Sie an Ihre Kinder und wiederholen Sie AUM, um aus Ihrem furchtsamen Geisteszustand wegzukommen und die Kinder zu beschützen. Wenn Sie in irgendeinem Projekt stecken geblieben sind, projizieren Sie AUM auf alles, was damit zusammenhängt, und die AUM japa, um kreativer zu werden. Praktizieren Sie AUM beim Gehen und Atmen. Sie werden einen stillen und friedvollen Geisteszustand erreichen und kreativ und effektiv sein.

Denken Sie immer daran, dass Zeit mit Ihrem Geisteszustand zusammenhängt. In einem konfusen, furchtsamen und sorgenvollen Zustand fließt die Zeit von Ihnen fort, und in einem friedlichen und stillen Geisteszustand haben Sie sie im Überfluss.

Den inneren Guru erwecken

Ein Guru initiiert in Ihnen den Prozess, Ihren inneren Guru zu erwecken. Sobald Sie einmal den Prozess innerer Stille und Erfahrung des Lebensgrundes begonnen haben, wird Ihre Ewige Energie selbst zu Ihrem Guru. Dies Licht zeigt Ihnen den Weg. Um innere Stille und die Erkenntnis der Ewigen Energie zu erlangen, müssen Sie mit Disziplin und Ausdauer vorangehen und sollten Vertrauen in die Existenz dieser Energie haben. Ihr alltägliches Leben spielt sich auf der sinnlichen Ebene ab. Das bedeutet, dass die gewöhnliche Wahrnehmung von Realität sich durch unsere fünf Sinne vollzieht. Im vorliegenden Kontext sprechen wir über die subtile Ebene, und diese beginnen Sie erst dann zu erreichen, wenn Sie die sinnliche zeitweise ausschalten.

Mein Vorschlag besteht darin, dass Sie durch die einfachen Techniken dieses Buches sich selbst dabei unterstützen, Ihren inneren Guru zu finden. Ihre Anstrengungen und Ausdauer werden Ihnen helfen, ein spirituelles Leben zu führen. Das ist es, worin wirkliche Befriedigung und echtes Glück liegen.

AUM SHANTI

Kailash
(Foto: Rekha Jhanji)

Nach ihrer Promotion in Reproduktionsbiologie in Indien studierte Dr. Verma Neurobiologie an der Universität in Paris und erhielt dort ihren zweiten Doktortitel. Sie ging weiteren Forschungen im National Institute of Health, Bethesda (USA) und am Max-Planck-Institut in Freiburg nach. Auf dem Höhepunkt ihrer Karriere in der medizinischen Forschung eines pharmazeutischen Unternehmens in Deutschland wurde ihr bewusst, dass die moderne Herangehensweise an Gesundheit bruchstückhaft und nicht ganzheitlich ist. Außerdem wird alles darauf verwendet, Krankheiten zu heilen, anstatt Gesundheit zu erhalten. Als Antwort darauf gründete Dr. Verma 1986 das Institut NOW, um die Idee des ganzheitlichen Lebens und präventiver Methoden der Gesunderhaltung zu verbreiten und den Gebrauch sanfter Medizin und zahlreicher selbsttherapeutischer Maßnahmen zu fördern.

Dr. Verma wuchs in einer starken familiären Tradition des Ayurveda auf mit einer Großmutter, die ein großes ayurvedisches Wissen hatte und eine begabte Heilerin war. In den letzten 21 Jahren studierte sie Ayurveda im traditionellen Stil des Guru Shishya bei Acharya Priya Vrat Sharma an der Benares Hindu Universität und vervollständigte ihre Promotion.

Dr. Verma ist eine leidenschaftliche Forscherin und arbeitet daran, die lebende Tradition des Ayurveda zusammenzutragen und durch ihre Bücher in der Welt bekannt zu machen. Sie hat 18 Bücher über Yoga, Ayurveda, Frauen und Partnerschaft veröffentlicht. Die Bücher sind in verschiedenen Sprachen der Welt erschienen. Außerdem hat sie zahlreiche wissenschaftliche Veröffentlichungen verfasst. Weitere Bücher sind in Vorbereitung. Sie hält Vorlesungen, unterrichtet mehrere Monate im Jahr in Europa, bildet Studenten in ihren zwei Zentren in Indien aus und hält Radio- und Fernsehsendungen ab. Ihr Film über Ayurveda wurde in 100 Ländern und 130 Sprachen gezeigt.

Dr. Verma hat die „New Way Health Organisation", die „Patanjali Yoga Darshana Society" und die „Charaka School of Ayurveda" gegründet, um Interessierten eine authentische Ausbildung zukommen zu lassen, damit sie das Wissen über die ayurvedische Lebensweise und Yoga weitergeben können und andere davor bewahren können, Opfer von Scharlatanerie im Ayurveda zu werden.

Dr. Verma führt mehrere Forschungsprojekte über medizinische Pflanzen und ihre Kombination in Form von Arzneien durch. Sie hat außerdem ein Sozialprojekt aufgenommen, um die Verwendung ayurvedischer Arzeneien und Yogatherapie in ländlichen Gebieten von Indien voranzutreiben. Sie gibt regelmäßig Schulkindern ländlicher und abgelegener Gebiete im Himalaya Unterricht, um die Weisheit der traditionellen Wissenschaft und Medizin zu fördern.

Dr. Verma gibt Seminare, Vorlesungen und unterrichtet in der Charka School of Ayurveda in der Guru Shishya Tradition. Sie ist Akademische Direktorin der Institution „Charaka Ayurveda und Yoga Akademie und Kulturzenrtum" (CAYACC), welches seinen Hauptsitz in Dresden hat. Sie ist Mitglied des wissenschaftlichen Beirates des Berufsverbandes unabhängiger gesundheitswissenschaftlicher Yoga-Lehrender (BUGY) in Göttingen.

Dr. Verma spricht Hindi, Punjabi, Französisch, Deutsch und Englisch und sie hat Kenntnisse des Sanskrit.

Die Charaka School of Ayurveda und Patanjali Yogadarshana Society (Himalayan Centre)

Die Charaka School of Ayurveda (CSA) wurde von Dr. Vinod Verma gegründet, um die authentische klassische Tradition ebenso wie die lebendige Tradition des Ayurveda in der Welt zu verbreiten, um gesundes Leben zu fördern und Gesundheitsstörungen vorzubeugen. Ihr Ziel ist, Menschen in einem Lebensstil zu unterrichten, der die Abwehrkräfte und die Vitalität verstärkt und ihnen ermöglicht, ein Leben in einem optimalen Energieniveau zu leben. Für kleinere Unpässlichkeiten sollten Menschen fähig sein, Hausmittel, angemessene physikalische Maßnahmen, mentale Übungen und Nahrungsmittel zu verwenden.

CSA hat zum Ziel, authentische praktische Aspekte des Ayurveda Menschen näher zu bringen und sie dadurch vor amerikanisierten und europäisierten verdrehten Versionen des Ayurveda und anderen Formen der Scharlatanerie zu bewahren, die mehr schaden als nützen.

Um dieses Ziel zu erreichen, organisiert CSA Ausbildungen für Interessenten in Europa, Um sie zu befähigen, die Botschaft des ayurvedischen Lebensstils weiterzuverbreiten und Menschen mit authentischen Massagen, Reinigungstechniken, Nahrung und anderen praktischen Aspekten des Ayurveda zu helfen. Die Schule arbeitet mit den gelehrtesten Fachleuten des Ayurveda in Indien zusammen und mit einigen ausgewählten Fachleuten aus der europäischen Gesundheitserziehung.

Das Ziel der Patanjali Yogadarshana Gesellschaft ist es, die Botschaft des Patanjali in der Welt zu verbreiten. Die Weisheit der Yogasutren ist nicht nur für Yogis nützlich, sondern auch für das tägliche normale Leben eines jeden. Sein Ziel ist es *sattva* zu verstärken, die innere Ruhe und den Frieden in der Welt, genau wie in den Gemütern der Individuen. Mit den Jahren der Forschung über Yoga und Ayurveda hat Dr. Verma das „Ayurvedische Yoga" gegründet und Bücher über dieses Thema geschrieben.

Himalayan Centre

Kontakt in Deutschland

Michael Röslen
Berufsverband Unabhängiger Gesundheits-
wissenschaftlicher Yoga-Lehrender (BUGY)
Tel./Fax: 0049 (0) 5508 –92135
bugyoga@t-online.de

Kontakt

Sheema Medien Verlag
Fachverlag für Releasing und mehr
Postfach 1443
83504 Wasserburg am Inn

Tel.: 08071 - 94813
Fax: 08071 - 94814

E-Mail: info@sheema.de
http://www.sheema.de

Bitte fordern Sie unser Gesamtverzeichnis an.

Wir informieren Sie gerne über Veranstaltungen unserer Autoren.

MÖGEN ALLE WESEN GLÜCKLICH SEIN

Buchempfehlungen aus dem Sheema Medien Verlag

Peter Dawkins
Wahrheiten aus dem Urgrund ewiger Freude
Das Grundlagenwerk der westlichen Weisheitstraditionen
Die wesentlichen universellen Wahrheiten, die den Kern aller westlichen Weisheitstraditionen bilden und tiefe geomantische Erkenntnisse, werden hier zusammengefasst und so dargestellt, wie es dem heutigen Verständnis und der Zeit, in der wir leben und in die wir gehen, entspricht.
232 Seiten, Hardcover, 118 farbige Abbildungen, Großformat
ISBN 978-3-931560-16-4

Dietrich Wild
Der Tigerbericht
Eine poetische Einführung in den Zen-Buddhismus, übermittelt und erläutert von Shunryu Suzuki-Roshi, mit Musik von Al Gromer Khan. Eine Reise zur inneren Quelle mit Klängen aus den tiefen Räumen wortloser Weisheit. „Wenn Du vollkommen still wirst, hörst Du alles!"
- Hörbuch (2 CDs) ISBN 978-3-931560-18-8
- Buchausgabe mit den beiden Hörbuch-CDs als Beilage ISBN 978-3-931560-17-1

Bede Griffiths / Roland R. Ropers
EINE Welt - EINE Menschheit - EINE Religion
Auf dem Weg ins Innere Universum
Willigis Jäger schreibt über diesen Titel: „Ein wunderbares Buch und eine Fundgrube für alle, die auf dem spirituellen Weg sind." Eine Textsammlung des Vermächtnisses von Bede Griffiths über die Einheit der Religionen, mit persönlichen Erinnerungen und Erkenntnissen von Roland R. Ropers.
256 Seiten, Hardcover, Leseband, ISBN 978-3-931560-27-0

Dr. David R. Hawkins

Das All-sehende Auge

The Eye of the I - aus dem Amerikanischen übersetzt von Marianne Rieke

Ein brillantes Werk, das verbindet - Bekanntes und Unbekanntes, Wissenschaft und Spiritualität, das lineare Paradigma des Egos und die nicht-lineare Realität von Erleuchtung. Ein Buch zum immer wieder Lesen, dem unendlich viel Wahrheit und Weisheit innewohnt. „Der wirkliche Autor dieses Buches ist Bewusstsein selbst."

479 Seiten, Hardcover, ISBN 978-3-931560-19-5

Dr. David R. Hawkins

Licht des Alls - Die Wirklichkeit des Göttlichen

I - aus dem Amerikanischen übersetzt von Marianne Rieke

Erklärt das innerste Wesen und die Essenz von Bewusstsein - von seinen Anfängen bis zur spirituellen Wirklichkeit von Erleuchtung und göttlicher Gegenwart. Ein Buch, das man immer wieder liest, das das „Unbeschreibbare" beschreibt und dem Leser die Verständnis erleichtert und damit tiefer Erkenntnisse ermöglicht.

584 Seiten, Hardcover, ISBN 978-3-931560-20-1

Dr. David R. Hawkins

Erleuchtung ist möglich

Wie man die Ebenen des Bewusstseins durchschreitet

Transcending the Levels of Consciousness - aus dem Amerikanischen übersetzt von Marianne Rieke

Ein praktisches Handbuch, das auf die mittlerweile weltweit bekannte „Tafel der Bewusstseinsebenen" des Autors aufbaut und ausführlich deren Erscheinungsbilder, Auswirkungen und den Weg zu ihrer Überwindung erklärt. Der Leser erhält Anleitungen, um seinen eigenen Standort zu erkennen, seine Ziele zu definieren und zu erreichen.

448 Seiten, Hardcover, ISBN 978-3-931560-21-8